El

De las i

«Avanzar del paso 0 al paso 1 suele ser
libro expone una estrategia exhaustiv
hacia la fase siguiente de la creación,

—**Ben Keesey**
Director ejecutivo de Invisible Children

«En este libro accesible y pragmático, Charles se nos presenta con un enfoque nuevo y meditado acerca de cómo introducir nuestras ideas al mundo, a la vez que proporciona una perspectiva crítica de las implicaciones de las nuevas ideas en la frecuentemente descuidada vida personal del emprendedor. Lee esto antes de lanzar tu próximo proyecto».

—**Dave Blanchard**
Fundador de Praxis
Ex diseñador principal de IDEO

«¡Estructura y proceso que impulsa a los creativos! Charles T. Lee ha escrito un manual ingenioso, inspirador y accesible tanto para emprendedores aspirantes como para los veteranos que se centra en trasformar las ideas en una ejecución estratégica. Toma el consejo de Nike y "Just Do It!"».

—**Wade Kawasaki**
Vicepresidente ejecutivo de Coker Group

«A menudo la gente se me acerca pidiéndome consejo para hacer realidad su "nueva idea". Suelen pedir ayuda mediante un breve correo electrónico o una conversación rápida. La verdad es que hay mucho más en la realización de las ideas de lo que se puede comunicar a través de una una respuesta simple. Tener un recurso como *De las ideas a la acción* me ayudará a encaminar a la gente a una guía práctica que les ayude a emprender un camino que conjugue su pasión con un plan».

—**Tyler Merrick**
Fundador y socio capitalista de Project 7

«Thomas Edison (no Albert Einstein) declaró con razón que "El genio es un uno por ciento de inspiración y un noventa y nueve por ciento de transpiración". Mientras tú consigues por tu parte el uno por ciento, el libro de Charles T. Lee *De las ideas a la acción* te conduce por el otro noventa y nueve por ciento. El libro de Lee es ingenioso y desenfadado, pero también es una lectura sincera que ofrece una perspectiva sólida de los negocios, esencial para que cualquier idea levante el vuelo. Si tienes la pasión de llevar tu idea al mercado, entonces *De las ideas a la acción* asegurará que estés bien equipado para el ascenso».

—**Keith Kall**
Director principal de relaciones corporativas en Visión Mundial

«Para muchos creativos y agentes de cambio el camino no siempre está claro, pero lo que Charles ha hecho con *De las ideas a la acción* es reducir al mínimo los pasos vitales acerca de la generación de ideas, la marca, la colaboración y el hecho de poner lo principal en primer lugar... para ayudarnos a trazar el curso y llevar adelante las mejores ideas».

—**Jeff Slobotski**
Fundador de Silicon Prairie News

«¿Estás cansado de que tus ideas flojeen? ¿Estás perdido y no sabes por dónde empezar? ¡Tu idea que puede cambiar el mundo te está pidiendo una gran dosis de impulso y practicidad? Charles T. Lee lo tiene todo en su inspirador libro *De las ideas a la acción*».

—**Mike Foster**
Creativo principal y cofundador de Plain Joe Studios

«Charles T. Lee ha escrito una guía para el duro trabajo de dar a luz una idea. Si lees este libro, tu idea tendrá una oportunidad exponencialmente mayor de ver la luz. Léelo».

—**Jeff Shinabarger**
Fundador de Plywood People

«Con una claridad impulsora, Charles T. Lee nos ayuda a atajar por el desorden de las buenas intenciones y ponernos a trabajar. Este libro no solo catalizará la acción: te guiará a crear transformación».

—**Bethany Hoang**
Directora de IJM Institute

«*De las ideas a la acción* es un gran manual para navegar por el caos de la creatividad. Me encanta Charles. ¡Te deleitarás en sus prácticos puntos de vista forjados en el horno de su propio proceso de creación de ideas!».

—**Dave Gibbons**
Director ejecutivo de XEALOT
Autor de XEALOTS: *Defying the Gravity of Normality*

«Charles T. Lee es uno de los tipos con mejores ideas que conozco. Mejor que buenas ideas, son ideas que llevan al impacto: un sello de la vida de Charles. El nuevo libro de Charles, *De las ideas a la acción* es un práctico recurso que te servirá como preparador de ideas ayudándote a dirigir tus grandes ideas a la implementación ¡y finalmente a un mayor impacto!».

—**Greg Ligon**
Vicepresidente y editor de Leadership Network

«Para muchos creativos y agentes de cambio el camino no siempre está claro, pero lo que Charles ha hecho con *De las ideas a la acción* es algo más que un simple libro: es una oportunidad de hacer algo. A través de perspectivas y principios probados, Charles T. Lee te ofrece todo lo que necesitas para convertir las ideas en realidades. Todo lo que tienes que hacer es seguir adelante».

—**Scott McClellan**
Editor de la revista *Collide*
Directo de ECHO Conference

«Nuestro mundo actual necesita desesperadamente hacedores. Hombres y mujeres que sueñen a lo grande y vean cómo ese sueño toma vida; y aquí es donde entra en escena este libro. Charles es un hacedor; este libro lo demuestra. Bien hecho, Charles, ¡gracias por compartir tus ideas!».

—**Chris Marlow**
Director ejecutivo y fundador de Help End Local Poverty

charles lee

CEO DE IDEATION

de las !deas a la acción

cómo ir de una idea a una ejecución

La misión de Editorial Vida es ser la compañía líder en satisfacer las necesidades de las personas con recursos cuyo contenido glorifique al Señor Jesucristo y promueva principios bíblicos.

DE LAS IDEAS A LA ACCIÓN
Edición en español publicada por
Editorial Vida – 2014
Miami, Florida

© 2014 por Editorial Vida
Este título también está disponible en formato electrónico.

Originally published in the USA under the title:
    Good Idea. Now What?: How to Move Ideas to Execution
    Copyright © 2012 by Ideation Consultancy, Inc.
Published by permission of John Wiley & Sons, Inc., Hoboken, New Jersey

Editora en Jefe: *Graciela Lelli*
Traducción y edición: *produccioneditorial.com*
Diseño interior: *produccioneditorial.com*

ISBN: 978-0-8297-6547-2

CATEGORÍA: Vida cristiana / Crecimiento espiritual

IMPRESO EN ESTADOS UNIDOS DE AMÉRICA
PRINTED IN THE UNITED STATES OF AMERICA

14 15 16 17 18 ❖ 6 5 4 3 2 1

Para Tina,
mi amor y mejor amiga.
Para Jonathan y Alexis,
mi inspiración y esperanza.

CONTENIDO

PREFACIO

Nacido en un legado de fabricantes de ideas

Mis padres nacieron durante los inicios del conflicto coreano, una guerra civil que devastó nuestro pequeño país en desarrollo en Asia. Nuestra Corea posbélica estaba en ruinas, literalmente, y la economía era un desastre. Se estimó que hubo unos dos millones de bajas como resultado de la guerra, y miles de familias fueron desplazadas, separadas de sus seres queridos en ambos lados de la frontera. El ambiente estaba lleno de profundo dolor, ira y desesperanza.

Afortunadamente para Corea, los niños nacidos en ese periodo —la generación de mis padres— se negaron a dejar que sus circunstancias se interpusieran en sus esfuerzos por recuperar el país. Eligieron la resiliencia, una ética laboral sin parangón y una actitud de «no podemos fallar» que ayudó a Corea a catapultarse en el *ranking* de los quince primeros países en producto interior bruto (PIB). ¡Increíble!

Cuando se trata de implementar bien las ideas, la generación de mis padres siempre ha sido una gran fuente de inspiración para mí. Muchos de ellos viajaron por el mundo para proporcionar nuevas oportunidades a sus hijos, así como para desarrollar una fuerte credibilidad por su tierra natal. La familia y el país siempre han sido una fuente de gran orgullo para la generación de mis padres. Barreras como la lengua, la educación y la discriminación no fueron adversario para su inquebrantable creencia de que sacrificarse por las generaciones futuras era una responsabilidad privilegiada.

Tomaron sus ideas y encontraron un modo de hacerlas realidad.

Mis héroes. Mi herencia. Mi pasión.

AGRADECIMIENTOS

De las ideas a la acción fue un esfuerzo de equipo. No hubiera sido posible completarlo sin la ayuda de muchos grandes amigos y miembros de la familia. La primera, y más importante, mi hermosa esposa, Tina, que nunca dejó de creer en mí y me apoyó durante todo el proceso. Mis hijos, Jonathan y Alexis, que permitieron que papá quitase algo de tiempo a la familia para escribir. Bill Denzel, mi viejo amigo y ahora agente, que me dio buenos consejos sobre la escritura y tomó tiempo para introducirme en este nuevo mundo de la publicación. Las personas influyentes del mundo de la cultura que accedieron a que les entrevistase para el libro —en medio de sus ocupadas vidas—, por su amistad y la pasión compartida de ayudar a las ideas a cobrar vida. Sarah Schick, por organizar mi vida y asegurarse de que tenía tiempo para trabajar en este libro. El equipo de Ideation, que me cubrió y me permitió proseguir este proyecto en medio de todo nuestro trabajo de cara al cliente. Dan Ambrosio y el equipo de John Wiley & Sons, Inc., que vio potencial y me propuso el proyecto del libro. Mi familia de amigos (¡ustedes saben quiénes son!), que han invertido en mi vida mucho amor, ánimo y perspectiva necesarios. Y por último, las innumerables personas con las que he tenido el privilegio de interactuar a lo largo de los años acerca de la creación de ideas por medio de blogs, proyectos y conferencias. ¡Estaré siempre agradecido por todos sus aportes a mi vida!

INTRODUCCIÓN

Amantes de ideas versus fabricantes de ideas

L as ideas son sexis.
Son atractivas, desenfrenadas y llenas de pasión inspirada.
Queremos promocionarlas, contar su historia y presentárselas a cuanta más gente sea posible.

Muchos de nosotros *amamos* las ideas y nos enamoramos de ellas rápida y regularmente. ¡Somos amantes de ideas! Probablemente esa es la razón por la que has elegido este libro.

No tienes que disculparte por eso.

Las ideas son geniales. Yo las amo. Las ideas son lo que hace avanzar nuestro mundo hacia el futuro.

Por desgracia, muchos de los que tienen buenas ideas nunca las verán cobrar vida. En realidad terminarán llevándose sus ideas a la tumba (¡literalmente!). Ya fuera una brillante idea para un negocio, una organización o la realización personal, sus ideas nunca verán la luz del día. Trágico.

Estos individuos son amantes de ideas, no fabricantes de ideas. Como ves, todos los fabricantes de ideas aman las ideas, pero no todos los amantes de ideas hacen que estas cobren vida. A diferencia de los amantes de ideas, los fabricantes no están satisfechos simplemente con tener una gran idea. Están comprometidos a ver sus conceptos materializados en el mundo real. Además, están dispuestos a reformular sus vidas para que sus ideas puedan ser bien implementadas.

¿Para quién es este libro?

Escribí este libro para dos clases de personas:

1. El amante de ideas que está harto de callarse las buenas ideas: estos son individuos que reconocen que sus ideas nunca se harán realidad sin un proceso estratégico y un conjunto de habilidades desarrolladas.
2. El fabricante de ideas que necesita refrescar y reafirmar su comprensión de los elementos para implementar bien las ideas: no importa cuánta experiencia tengas, este libro será un buen recurso para provocar valiosas conversaciones acerca de tus ideas.

Ya sea que estés comenzando una nueva aventura o recalibrando un trabajo consolidado, *De las ideas a la acción* está diseñado para ser extremadamente práctico. Además, este libro servirá como trampolín para explorar y refinar las ideas más adelante. Encontrarás numerosas recomendaciones de otros recursos que te serán de gran ayuda para tus esfuerzos como fabricante de ideas.

¿Cómo funciona este libro?

El formato de este libro está diseñado para ser atractivo a muchos niveles y proporcionar abundantes oportunidades de productividad:

- **Partes:** son las secciones grandes del libro que contienen los capítulos centrados en torno a un tema común. Te recomiendo que eches una ojeada rápida a estas partes en la página de contenidos cada vez que tomes el libro. Eso te dará una perspectiva de la dirección general y te proporcionará contexto para cada colección de capítulos.

- **Capítulos:** cada uno de los capítulos está diseñado para ser independiente. En otras palabras, puedes abrir por cualquier capítulo y zambullirte de lleno en él, sin tener que volver atrás y leer el contenido anterior a ese punto específico. Aunque sería mejor empezar desde el principio para disfrutar de la experiencia completa, reconozco que algunos, dado su contexto, puedan saltar derechos a la sección que perciban como la más útil y necesitada. También notarás que los capítulos son breves. Quería que este libro fuera flexible y que estuviera en dosis lo suficientemente pequeñas para individuos y equipos ocupados. De este modo, los capítulos son breves a propósito y lo suficientemente diferenciados para que los leas sobre la marcha o juntos como grupo durante una reunión de personal. (¡Te dije que era práctico!)

- *De las ideas a la acción* Al final de cada capítulo he provisto un espacio para que desarrolles tus ideas acerca de los temas tratados en la lectura. Debajo de la sección «Buena idea», verás que he destacado algunos pensamientos clave del capítulo para refrescarte la memoria y promover nuevas ideas. Te animo a añadir tus propias notas. La sección «¿Ahora qué?» proporciona espacio para que apuntes tus próximos pasos de acción. Trata siempre de ser lo más específico posible cuando trabajes en esta sección. Te animo a que incluyas detalles como fechas de seguimiento, nombres de personas con las que conectar, visualizaciones de ideas y procesos, y cosas así. Es tu espacio. ¡Úsalo!

- **«Llevándolo más allá»:** esta es una sección al final de cada parte más grande creada para proporcionar algunas ideas prácticas y sugerencias para ayudarte a llevar tus conceptos más allá. Creo que disfrutarás tomándote una pausa después de cada sección larga para procesar las ideas por ti mismo o con un grupo.

Este libro no fue diseñado para que simplemente lo leas y lo difundas. Espero que algunos de tus pensamientos acaben en las páginas de este libro (o al menos en las páginas de tu correspondiente Moleskine). Quiero que este libro sea funcional: algo que lleves contigo mientras buscas implementar tus ideas. Míralo como un diario de ideas. ¡Puede que documente la evolución de tu próximo gran concepto!

El negocio de las buenas ideas

Toda buena idea necesita una filosofía y una estrategia de negocios fuerte para poder levantar el vuelo y escalar. Aunque no todas las ideas se convierten en un negocio, todavía hay principios atemporales que pueden conducir a una infraestructura, una estrategia y una perspectiva muy necesarias para cualquiera que desee implementarlas bien. Por eso he integrado varios puntos de vista del desarrollo de un negocio a lo largo del libro para ayudar al fabricante de ideas a que implemente la suya con un buen sentido del negocio. Las ideas creativas y las buenas prácticas empresariales deberían ir de la mano. (¡Ya me lo agradecerás después!)

Una conversación con un café

Este libro está escrito para trasmitir el estilo y el ambiente de dos amigos hablando sobre ideas en torno a un café. Es intencionadamente informal, desinhibido y está lleno de humor irónico (o al menos se intenta). Lo escribí de esta manera porque creo que nos permite ser más honestos para acometer estos temas importantes y a veces complejos sin tener que fingir experiencia. Lo cierto es que todos estamos aprendiendo y perfeccionándonos por el camino.

Así que siéntate con este libro y una taza de café y disfruta de algunos puntos de vista de un amigo. Y puesto que ahora estamos conversando, por favor, mándame cualquier pensamiento o pregunta acerca del contenido directamente a mi correo electrónico personal: charles@TheIdeation.com (sí, es real) o usa el *hashtag* del libro en Twitter: #GoodIdeaBook. Intentaré contestar con rapidez cuando sea posible. Simplemente, no me añadas a cualquier lista de correo a la que no me haya suscrito, ¡sobre todo porque ahora soy tu amigo!

Estoy muy agradecido de que hayas escogido este libro, y espero charlar contigo en los próximos capítulos.

—**Charles T. Lee**
www.CharlesTLee.com
@CharlesTLee
#GoodIdeaBook

¿De dónde vienen las buenas ideas?

¿Estrategia u oportunidad?

«¡Todo consiste en la estrategia! Actúa con intención».
«Todo consiste en estar en el momento y el lugar adecuados! Ora para tener suerte».

¿Cómo cobra vida una buena idea? ¿Por la estrategia? ¿El momento oportuno? ¿La suerte?

Sí.

A menudo una buena idea es un pensamiento concebido en la intersección de la estrategia y la oportunidad.

Louis Pasteur, científico francés del siglo diecinueve e inventor del proceso de la pasteurización, lo dijo así: «La oportunidad favorece a la mente preparada». En otras palabras, una mente entrenada para captar nuevas ideas es mucho más propensa a reconocer las conexiones importantes entre ideas que un observador casual.

¿Quieres inclinar la balanza a tu favor? Aquí tienes un pequeño secreto que los fabricantes de ideas más eficaces aprovechan: una buena comprensión de lo anterior —estrategia intencionada— en realidad puede aumentar tus oportunidades cuando se trata de lo más nuevo: el favor de la oportunidad.

Aunque ninguno de nosotros puede controlar o predecir estas oportunidades casuales, podemos trabajar para desarrollar una mentalidad y un proceso que nos permita ser más proactivos a la hora de hacer que nuestras ideas cobren vida. Debemos tener los ojos puestos en el duro trabajo de ejecutar las ideas en vez de distraernos con el destello de la oportunidad. Por desgracia, mucha gente se esfuerza demasiado en encontrar la oportunidad adecuada para obtener publicidad para su idea sin prestarle suficiente atención a la actividad principal de lo que esperan producir. Eso suele ponerse luego en su contra.

La historia nos ha mostrado repetidas veces que toma tiempo y esfuerzo intencionados desarrollar una buena idea. Incluso en nuestra era de acceso instantáneo a la información y los recursos, rara vez se formulan ideas de importancia (incluso las digitales) en un momento. Aunque es verdad que la tecnología nos permite acelerar la producción, la tecnología todavía carece de la capacidad de tomar las decisiones intuitivas que suelen necesitarse para crear conexiones viables entre conceptos. ¡Esa es una buena noticia! El mundo todavía necesita gente con ideas creativas como tú.

¿Pero deberías confiar en la oportunidad? Supongo que también puedes, simplemente, ir por ello y esperar que salga bien. ¡También puede que ganes la lotería! (O no.)

Sigue leyendo.

Todos necesitamos principios y procesos para la fabricación de ideas que nos permitan tener una mente preparada cuando la oportunidad asome por la puerta.

Buena idea (pensamientos clave de esta sección)	¿Ahora qué? (tus ideas y siguientes pasos de ejecución)
«La oportunidad favorece a la mente preparada».	
Debemos tener los ojos puestos en el duro trabajo de ejecutar las ideas en vez de distraernos con el destello de la oportunidad.	
Toma tiempo y esfuerzo intencionados desarrollar una buena idea.	

CAPÍTULO

2

Ideas entre nosotros

¿**P**or qué nos sentimos más conectados con unas ideas que con otras?

En una cultural deseosa de conectividad real, las ideas no son solo conceptos impersonales que terminan como productos en una estantería. Consumimos con la esperanza de satisfacer nuestros deseos intangibles de plenitud y de alegría en la vida. Una buena idea es algo con lo que la gente quiere para conectar a un nivel más profundo.

Sin entrar en el debate de lo que constituye una buena idea, me gustaría compartir por qué el entorno físico y la proximidad son importantes para el proceso de creación de ideas, especialmente en lo que se refiere a conectar con los corazones de la gente.

En su detrimento, muchos socavan la importancia de *dónde* se forma una idea. El espacio físico que nos rodea alimenta nuestra creatividad y realza nuestra capacidad para ver y sentir qué es aquello a lo que estamos tratando de dar forma. Eso no significa que tengamos que estar en el sitio más sensacional para crear, sino que, más bien, debemos tener presente la búsqueda de una clase de espacio que sitúe nuestros cuerpos físicos para recibir las mejores y más relevantes experiencias relacionadas con nuestras pasiones.

Por ejemplo, si tu pasión es servir a los pobres de tu ciudad, desarrollar ideas en una sala de juntas corporativa probablemente no sea el mejor lugar donde empezar. Estar y vivir en el ambiente de aquellos a los que esperas servir debe ser el primer paso para desarrollar una idea.

Los conceptos más creativos pueden encontrarse justo en los entornos donde proporcionarán los mayores beneficios. ¿Quiénes son los depositarios y beneficiarios principales de tu pasión? Ve a ellos. Escucha, aprende, ama y toma notas.

La mayoría de grandes ideas se originan en la gente, no en teorías idealistas.

Cuanto más cerca estés de conseguir mover el péndulo del lenguaje de *ellos* a *nosotros* por medio de la presencia y la proximidad espacial, mejores oportunidades tendrás de ofrecer ideas que realmente funcionen.

Sabiduría de las calles

Ventura es una preciosa ciudad costera al norte de Los Ángeles. Es una comunidad ecléctica con una hermosa arquitectura histórica y un clima increíble. También era el hogar desde hacía mucho tiempo de uno de mis mejores amigos, Greg Russinger, al que conocí allá en la década de los noventa mientras tocaba música en el sur de California. Al final formamos juntos una banda con algunos amigos comunes y pasamos una época increíble viajando y tocando. Para nosotros, veinteañeros, el cielo era el límite y preferíamos la aventura por encima de cualquier otra clase de compensación o estabilidad. Con Greg como líder, todos los de la banda vivíamos su espíritu de aventura y de amor a la vida.

Una de las cosas que más admiro de Greg, más allá de su increíble amor por la música, es su genuina preocupación por la humanidad. Muchos antes de que estuviera de moda tener una causa, Greg captaba a gente de su ciudad para que trajeran alivio a los necesitados. No era raro verlo esforzándose para ofrecer hospitalidad y cuidados a aquella gente a la que muchos de nosotros en nuestra sociedad normalmente ignorábamos o desdeñábamos. Él tiene la extraña habilidad de ver a la gente más allá de su exterior. La condición mental o física de alguien nunca fue un obstáculo para el compromiso de Greg. Él realmente valora la vida humana. Sin condiciones.

Un día, mientras hablaba con T-Bone, uno de sus amigos que vivía en las calles de Ventura, Greg le hizo una pregunta sencilla: «¿Hay algo que pueda hacer para ayudarte con tus necesidades diarias?». T-Bone le miró y le respondió con dos simples palabras: «Ropa limpia».

Continuó explicándole a Greg que el mero hecho de tener ropa limpia no solo le proporcionaría beneficios higiénicos, sino que también cambiaría el modo en que los demás le miraban e interactuaban con él. La ropa limpia quitaría barreras para la interacción humana así como fortalecería la autoestima de alguien a quien muchos consideraban una causa perdida.

Este punto de vista inspiró a Greg a crear algo llamado Laundry Love [Lavandería de amor]. Le pidió a su comunidad de amigos que se unieran a él para conseguir ropa limpia para los necesitados o los trabajadores pobres. Greg habló con una lavandería local y les pidió que les permitieran a él y a su grupo de amigos venir y financiar lavados para los que vivían bajo el umbral de la pobreza. Esta simple idea permitió crear relaciones naturales entre aquellos que se acercaban a la lavandería. En las conversaciones de aquellas noches de lavados gratis, Greg y su equipo comenzaron a identificar las necesidades reales de su vecindario y así procedieron a encontrar modos de servir a la gente de forma apropiada.

Laundry Love pronto ganó impulso en Ventura, así como en las ciudades cercanas del sur de California. Greg pronto me invitó a ayudarle a establecer una organización sin ánimo de lucro que pudiera ayudar a crear esta clase de ideas prácticas para mejorar el mundo. Con gusto me uní a sus esfuerzos y formamos una organización llamada JustOne (www.Just4One.org). Nuestro objetivo era —y lo sigue siendo todavía— crear esa clase de ideas cotidianas para cuidar a las personas.

En los últimos cinco años de existencia de nuestra organización, iniciativas como Laundry Love han continuado creciendo. Ahora Laundry Love existe en más de 120 localidades y sirve a más de 30,000 personas cada mes por medio de varios servicios contextualizados, que incluyen atención médica básica, empleo, tutorías, cortes de pelo, fiestas de vacaciones y entrega de comida. Y todo eso comenzó con la respuesta de dos palabras de T-Bone.

Soy un firme creyente en que las mejores ideas vienen de las calles (por ejemplo, la gente que más se beneficiará del concepto). Hay algo poderoso en pasar tiempo en el entorno real de la gente a la que esperas alcanzar con tu producto o servicio. Por desgracia, muchos están desarrollando productos o servicios detrás de una puerta cerrada, en ambientes artificiales que están desconectados de la realidad.

Comienza en el espacio donde quieres tener un impacto. Escucha a las mismas personas que esperas servir.

Si estás creando un producto para pequeñas compañías, estaría bien emplear tu tiempo en interactuar regularmente con propietarios de pequeños negocios. Puedes asistir a las reuniones de trabajo, hacer entrevistas personales, facilitar grupos de discusión, investigar los datos pertinentes y muchas otras cosas. Si estás creando una organización sin ánimo de lucro para servir a los huérfanos de China, quizá quieras pasar una cantidad de tiempo importante en el extranjero desarrollando el plan de negocios a la vez que visitas los orfanatos existentes y te reúnes con oficiales del estado, posibles patrocinadores y demás gente experta en el tema. Sé que suena básico y que es de sentido común, pero he perdido la cuenta de cuántas veces las empresas en ciernes han pasado por alto esta realidad para desarrollar una idea viable. Si no empiezas en las llamadas calles, terminarás desarrollando cosas para gente que ni siquiera existe.

¿Distancia espacial?

¿Hay momentos para apartarse a reflexionar sobre el entorno en el que esperas servir? ¡Por supuesto! La distancia espacial en realidad puede darle claridad a los conceptos y hacer mucho bien. Yo simplemente defiendo que deberías, si es posible, empezar en el mismo espacio que la gente que esperas que se beneficie de tus conceptos. He comprendido que esto funciona para los negocios, las organizaciones y los movimientos.

La interacción espacial también es cíclica. De forma regular necesitamos pasar tiempo tanto dentro como fuera del mundo que tratamos de servir. La proximidad y la distancia son al mismo tiempo tus mayores ventajas y tus peores inconvenientes para la formación de ideas. Hace unos años leí un libro escrito por Larry Bossidy y Ram Charan titulado *El arte de la ejecución en los negocios* que seguía las historias de varios directores ejecutivos de compañías pertenecientes a la lista de Fortune 500 que habían sido despedidos entre los 80 y los 90. Sorprendentemente, sus destituciones solían relacionarse con su desconexión con los empleados de niveles inferiores. Muchos de ellos estaban tan acostumbrados a interactuar solamente con los directivos de alto nivel que perdían el contacto con la misma gente que, en última instancia, era la que producía el éxito diario de sus respectivas compañías. Esta distancia relacional creaba ideas y procesos que simplemente no funcionaban.

Uno de mis programas de televisión favoritos, *Undercover Boss* [El jefe], subraya aún más esta verdad. En este programa, los ejecutivos de importantes compañías se filtran de incógnito, disfrazándose de empleados de nivel inferior, con la intención de descubrir lo que sucede realmente en la base. Los ejecutivos que participan a menudo salen con una nueva perspectiva y una apreciación más profunda de lo duro que trabajan sus empleados... en todos los niveles de sus compañías.

Si quieres crear o desarrollar una idea, acércate a la gente que más se beneficiará y vive en el entorno en el que tomará lugar la innovación.

Buena idea (pensamientos clave de esta sección)	¿Ahora qué? (tus ideas y el siguiente paso de ejecución)
¿Quiénes son los depositarios y beneficiarios principales de tu pasión? Ve a ellos. Escucha, aprende, ama y toma notas.	_____ _____ _____
La proximidad y la distancia son al mismo tiempo tus mayores ventajas y tus peores inconvenientes para la formación de ideas.	_____ _____ _____

3

Mi necesidad de una necesidad

Mucha gente aprende mejor cuando siente la necesidad de aprender. El aprendizaje forzoso rara vez funciona. Puede que desarrolle un cierto nivel de disciplina, pero el verdadero aprendizaje requiere una participación activa. Muchos adultos no se vuelven proactivos hasta que llegan a un punto en que necesitan resolver un problema. Por ejemplo, ¿cuánta gente busca consejo antes de experimentar una crisis?

Por desgracia, muchos líderes de compañías y organizaciones han dejado de ver la innovación como una necesidad. En vez de eso, se han conformado con la experiencia. Específicamente, se han acomodado en la experiencia estática ¡de hace diez años! Esta falta de necesidad está matando a miles de compañías y organizaciones. Este compromiso corporativo con la muerte, disfrazarlo con la nomenclatura de gestión o una racionalización defectuosa basada en excusas como los recursos y el tiempo limitados no esquivará lo inevitable.

Los cambios suceden. Pero puedes hacer que ocurran en tu negocio u organización de un modo que permita que florezca en el futuro. Aquí tienes algunas ideas para diseñar una cultura de la necesidad:

- **Crea espacio para lo desconocido.** Toma a tu equipo (si tienes uno) y pónganse en lugares que no sean familiares y que aumenten

11

su necesidad de conseguir nuevas ideas. Considera participar o asistir a un evento fuera del radio de tu experiencia profesional habitual. A menudo algo así provoca una creatividad inesperada.

- **Revisita e identifica de nuevo lo que estás tratando de resolver.** Con frecuencia, vuelve atrás y reconsidera por qué estás produciendo lo que produces. Puede que suene elemental, pero es importante. Esto recoge el espíritu de lo que los entrenadores legendarios como Vice Lombardi y John Wooden hacían con sus jugadores cada año: reintroducirlos en sus respectivos deportes. Pregúntale a tu equipo por qué hacen lo que hacen. Y, si te atreves, pregúntales por qué ellos creen que *tú* haces lo que haces.

- **Humíllate e invita a otro espectador.** Ninguno de nosotros ha llegado. Punto. Todos necesitamos ayuda, incluso aquellos son considerados expertos en el campo. Para muchos de nosotros, estamos demasiado cerca de la acción como para ver lo que sucede a nuestro alrededor. Necesitamos ojos externos y voces que ayuden a formar el futuro de nuestras compañías y organizaciones. Incluso yo, que soy consejero, necesito a otros consejeros y orientadores. La verdad es que todos fallamos en algo. Simplemente, admítelo. Todos necesitamos ayuda. Toma tiempo y recursos para invertir en tu trabajo. Las voces de fuera te ahorrarán miles de dólares así como incontables momentos de dolor innecesario.

La innovación requiere un profundo sentido del aprendizaje que está basado en un profundo sentido de necesidad. ¿Sientes necesidad de algo?

Buena idea (pensamientos clave de esta sección)	¿Ahora qué? (tus ideas y el siguiente paso de ejecución)
Mucha gente aprende mejor cuando siente la necesidad de aprender.	
Toma tiempo para diseñar una cultura de necesidad en tu compañía u organización.	

CAPÍTULO

4

Los Medici cambiaron mi vida

Las ideas creativas a menudo nacen cuando dos o más ideas colisionan en una dulce armonía complementaria... algo así como lo que se describe en esos anuncios de Reese's Peanut Butter Cups. («¡Tienes tu chocolate en mi mantequilla de cacahuete!».) Pocas cosas en la vida traen más alegría a un fabricante de ideas que esos momentos «eureka». Aunque muchas de las intersecciones creativas parecen ser espontáneas, improvisadas y basadas en la oportunidad, yo propongo que en realidad puedes incrementar la frecuencia de esos momentos mágicos. Deja que te lo explique.

En el siglo XIV, la Casa de los Medici, una exitosa familia política y propietarios finales del banco más grande de Europa, comenzaron un movimiento para conectar a propósito a los principales pensadores y formadores culturales de su tiempo. Invirtieron grandes cantidades para financiar y reunir a creativos, científicos, arquitectos y líderes empresariales de múltiples disciplinas. Desarrollaron asociaciones estratégicas en lo cultural e incluso se orquestaron matrimonios para conectarse con otras familias de la élite. Los Medici creían que la convergencia de disciplinas sin aparente relación era la clave para descubrir nuevas ideas y activar la innovación. Querían eliminar el

13

modelo no escrito de su tiempo de que las ideas tenían que surgir de los silos. Creo que los Medici se adelantaron mucho a su tiempo en el pensamiento multidimensional y de código abierto. Por cierto, muchos le ameritan a los Medici el desarrollo de las raíces de aquel pequeño movimiento que ahora llamamos el Renacimiento. ¿Quieres comenzar un movimiento?

¿El tuit de los Medici?

¿No suena mucho esto a la oportunidad que ahora tenemos con Internet? Piensa en todas las compañías que han sido construidas a costa del trabajo existente, como las diversas plataformas de redes sociales. Tan solo Twitter ha inspirado el nacimiento de numerosas compañías, incluyendo a TweetDeck, HootSuite, TwitHawk y muchas otras. A cambio, estas compañías han hecho Twitter más exitoso haciéndolo más fácil de usar y atrayendo a nuevos usuarios. Ha nacido una interdependencia, y ambas partes se benefician.

Una vez que empiezas a pensar con la mente abierta cómo se hacen las ideas, eso cambia lo que buscas en el proceso de desarrollo. Ya no se trata más de tu idea compitiendo con otras. Más bien, se trata de encontrar cómo tu idea encaja dentro de un mundo más grande de ideas.

Siempre que te encuentras con una nueva idea, es muy probable que se erija sobre los hombros de pensamientos previos que llevaban implícitos diversos aspectos de tu concepto. En otras palabras, no ha salido de la nada. La gran mayoría de ideas, si no todas, están conectadas a pensamientos previos, incluso aquellas que dicen ser nuevas. Las ideas necesitan contexto, y el contexto requiere la existencia de ideas o pensamientos previos.

¿Por qué esta idea tan obvia es tan importante y práctica? Aquí tienes el porqué:

1. Esto nos debe llevar a no subestimar nunca el potencial creativo de la interacción normal o diaria con ideas. En buenas condiciones, con un poco de cuidados, nos encontraremos en medio de algunas de las ideas más grandes que tendremos el privilegio de experimentar. Vivir la vida con esta perspectiva aumentará las

oportunidades para la creatividad. Creará lo que yo llamo momentos intencionadamente espontáneos para la creatividad y la innovación.

2. A la luz del número 1, escribe o recuerda cualquier cosa que te inspire y lee el número 3.

3. Sin relación no quiere decir necesariamente no relacionado. No te precipites en disociar ideas unas de otras. Permite que las ideas habiten unas con otras. Yo solía clasificar extensamente las ideas, pero después me di cuenta de que en realidad eso estorbaba mi proceso creativo de pensamientos. Además, rara vez me ponía a revisar las numerosas categorías de pensamiento que había creado con la esperanza de organizarme. Se volvió bastante gravoso. Organizar las ideas en unas pocas categorías de pensamiento, como tecnología, compasión y negocios, y después polinizar de forma cruzada los conceptos me ha funcionado bien. Suelo regresar a las ideas que he apuntado cada dos semanas. En realidad tengo un recordatorio en mi calendario para que no se me olvide.

4. A la luz del énfasis en la polinización cruzada de la que acabamos de hablar, piensa en hacer algo que se salga de lo ordinario. Eso refuerza lo que vimos en el capítulo 3.

5. Puesto que las ideas sin relación se pueden unir para producir momentos creativos, te animo a que te involucres en actividades fuera de tu ritmo normal de vida. Ya sea tomar unas clases o leer un libro que no tenga que ver con tu campo, asistir a un taller externo a tu experiencia en una conferencia, ir por una ruta diferente a trabajar, reorganizar el mobiliario en casa o en tu despacho o cambiar el sitio donde te sientas en las reuniones, las pequeñas modificaciones pueden marcar toda la diferencia en nuestro desarrollo creativo.

Mientras estableces esta clase de actitud receptiva y praxis en tu vida, comenzarás a experimentar el crecimiento exponencial de tus ideas. ¡Disfrútalo!

Buena idea (pensamientos clave de esta sección)	¿Ahora qué? (tus ideas y el siguiente paso de ejecución)
La convergencia de disciplinas sin aparente relación es la clave para descubrir nuevas ideas y activar la innovación.	
Ya no se trata más de tu idea compitiendo con otras. Más bien, se trata de encontrar cómo tu idea encaja dentro de un mundo más grande de ideas.	
Es posible crear momentos intencionadamente espontáneos para la creatividad y la innovación.	

5

No te conformes con lo bueno

Durante mis nueve años de profesor de universidad, tuve el privilegio de enseñar a varios estudiantes de alto rendimiento que eran considerados exitosos por la academia. En este grupo se incluían dos clases básicas de estudiantes:

1. La primera clase de estudiantes consiguió tener éxito trabajando por encima y mucho más allá de la esperada carga de trabajo de los cursos universitarios que estaban tomando. Muchos de esos estudiantes reconocían la oportunidad educativa excepcional de la que gozaban y aprovechaban del todo su acceso a la información transformadora.

2. La segunda clase solamente hacía lo suficiente para conseguir sobresalientes en clase, a menudo descansando en su habilidad para entregar proyectos en el último minuto que satisfacían los requerimientos del curso. Esta clase de estudiantes solían recibir la misma clase de honores y condecoraciones de la institución que los primeros.

Para algunos, lo que más importa es si alcanzan los estándares básicos de una institución o una profesión. Muchos piensan que ser suficientemente bueno quiere decir tener éxito o un trabajo bien hecho.

Estas son las malas noticias: así no es como funcionan realmente las cosas en el mundo real. ¿Cuándo fue la última vez que escuchaste de una persona que consiguiera éxito supliendo los estándares mínimos de su profesión? ¿Cuándo fue la última vez en esta era digital que un producto considerado suficientemente bueno sobreviviera durante un tiempo prolongado? Normalmente alguien crea algo mejor para ofrecer.

Mirando atrás, encuentro desafortunado que los estudiantes solo suficientemente buenos se sabotearan a sí mismos a la hora de producir su mejor trabajo. Se perdieron poder experimentar la plenitud de su potencial. El esfuerzo «mediocre» disfrazado de un talento y una capacidad exagerados pueden producir resultados que sean suficientemente buenos, pero rara vez darán a luz algo extraordinario: los logros que la gente recuerda y de los que habla. Alcanzar un estándar nunca debería ser el objetivo de nuestros intereses creativos o vocacionales. El mundo no espera con entusiasmo un esfuerzo de un 70 o un 80%. Desea lo mejor. De hecho, como dice a menudo Seth Godin, «lo bueno es aburrido». Nuestro trabajo debe ser extraordinario. En otras palabras, nuestro trabajo debe provocar que la gente quiera compartir sus experiencias con familia y amigos.

Si vas a hacer algo de pasión, hazlo con todo lo que eres y esperas ser. No te conformes con lo bueno. Rara vez será suficientemente bueno, y escatimará la clase de vida para la que fuiste diseñado.

Buena idea (pensamientos clave de esta sección)	¿Ahora qué? (tus ideas y el siguiente paso de ejecución)
El esfuerzo «mediocre» disfrazado de un talento y una capacidad exagerados pueden producir resultados que sean suficientemente buenos, pero rara vez darán a luz algo extraordinario: los logros que la gente recuerda y de los que habla.	

Un poco más lejos

Piensa en tu pasado. ¿Qué ideas importantes te ha proporcionado el destino? ¿De qué manera estuviste preparado —o no— para recibirlas? ¿Cómo alinearás tu vida para estar preparado cuando se presenten nuevas ideas?

¿Dónde te encuentras actualmente tratando de encontrar nuevas ideas? ¿Dónde y con quién podrías pasar más tiempo para ayudar a que tu idea cobre vida?

Lleva a tu equipo a un entorno que no les resulte familiar, donde puedan desarrollar la necesidad de aprender (¡sin poner en riesgo sus vidas!). Por ejemplo, llévalos a visitar un vecindario desconocido dominado por otra cultura, sean voluntarios en una escuela local, participen en actos de caridad, aguanten una ópera o entrevisten a un extraño de un campo completamente diferente. Encuéntrense después para discutir la experiencia y propongan soluciones a un problema que hayan estado tratando de resolver.

Crea un momento intencionadamente espontáneo para la creatividad sentándote con algunas revistas de dos campos diferentes que te inspiren y te interesen. Hojea rápido las revistas y arranca las páginas que te interesen. Ahora examina los dos montones juntos y observa qué conexiones puedes identificar. ¿Qué ideas nuevas surgen?

La vida después de la inspiración

PARTE

2

La vida después
de la inspiración

CAPÍTULO

6

Adicto a la inspiración

Todos necesitamos inspiración.

Nos recuerda nuestros sueños, esperanzas y la clase de vida que esperamos vivir. Desencadena, alimenta y mantiene nuestra creatividad viva. Pero la inspiración también puede convertirse en una droga adictiva que cause profundos delirios, distracciones y finalmente un gran daño. Tiene el poder de atraernos a expectativas irreales que nos dan un falso sentido de logro y productividad.

Admitamos todos esto: somos yonquis de la inspiración. La mayoría de nosotros anhelamos lo último en ideas, noticias, artilugios, aplicaciones, enlaces, videos y conferencias porque pensamos que estas cosas nos darán un empujoncito o una ventaja sobre nuestros competidores. Queremos estar al día. Algunos de nosotros disfrazamos esa necesidad de inspiración como desarrollo profesional. Llámalo como quieras. Lo cierto es que estamos atrapados.

Una cultura dirigida por esta necesidad de estar constantemente inspirados se ve obligada a estar menos interesada en el trabajo duro necesario para implementar bien las ideas. Es muchísimo más fácil (y más divertido) *hablar* de las ideas que *ejecutarlas*.

Por desgracia, la distracción de la inspiración está en todas partes, especialmente en la era de Google. Ideas que inspiran las hay a docenas. ¡Son más baratas que una docena de huevos!

No escribo esto para criticar la idea de la inspiración. Como dije antes, todos la necesitamos. El problema surge cuando la inspiración

23

en sí se convierte en la meta, aquello a lo que aspiramos. La inspiración es un excelente aditivo para nuestro trabajo, pero nunca debería convertirse en el fin de nuestra búsqueda. En otras palabras, la inspiración es un medio para un fin, y no un fin en sí mismo. A menudo engaña nuestras mentes haciéndonos pensar que en realidad estamos ejecutando algo con nuestra idea... cuando todo lo que estamos haciendo es soñar o quizás hablar con alguien de esta nueva gran idea. Intenta ser consciente de que el progreso mental en el pensamiento debería tener algún movimiento correspondiente en el mundo físico.

¿Pudiera ser que muchos de nosotros estamos muriendo por sobrecarga de inspiración? Aquí tienes algunas sugerencias para refrenar nuestra adicción a la inspiración:

- **Limita las nuevas aventuras.** Como emprendedor en serie, constantemente tengo que recordarme que eso que llamamos nuevo trabajo debe ser significativo y añadirle a lo que siento que es mi dirección vital actual. Eso significa que una buena oportunidad que se me presente no es necesariamente la oportunidad adecuada para mí. Aunque no siempre seremos capaces de discernir la diferencia entre ambas, sigue siendo valioso insertar esta clase de pensamientos y preguntas en nuestras mentes, especialmente en épocas en las que estemos lanzando nuevos proyectos.

- **Limita las áreas en las que te centras.** Trabajar para refinar y reducir nuestras obligaciones en unas pocas áreas clave nos ayudará a estar centrados. Volverse demasiado general con los compromisos normalmente se hace a costa de abandonar detalles importantes. El viejo refrán es verdad: «Nadie da nada a cambio de nada». Alguien tiene que pagar por ello. En otras palabras, hacerlo todo tiene un precio. Que no se te conozca como el tipo que lo hace todo. Sé conocido como aquel que hace lo correcto. ¿Hay áreas con las que estás comprometido en la actualidad y que realmente no necesitas ser parte de ellas? ¿Por qué no crear una estrategia para limitar la implicación?

- **Limita el consumo de información en línea.** Determina cuánto tiempo pasarás cada día/semana consumiendo información e inspiración en línea. Todos sabemos que una corta excursión a Internet para seguir el rastro de una información a menudo puede convertir los minutos en horas. Establecer una directriz flexible y realista para la participación en línea te permitirá vivir una vida más productiva y centrada. Yo personalmente he establecido algunos momentos a lo largo del día para participar en actividades en línea. Tener en mente los tiempos finales me ha ayudado inmensamente a la hora de asegurarme de que hago lo más importante.

- **Limita las reuniones.** No tienes que entrevistarte con todo el mundo que te pida una reunión. No dejes que tu inseguridad de decepcionar a los demás se entrometa en tu camino para vivir una vida saludable y productiva. Ve cada reunión innecesaria como un tiempo precioso que se resta de aquello que estás diseñado para hacer. Cuántas veces habrás pensado después de un día de reuniones: «¿Por qué tengo la sensación de que hoy no he hecho gran cosa?». Las reuniones innecesarias pueden aniquilar tu productividad, y lo harán.

Buena idea (pensamientos clave de esta sección)	¿Ahora qué? (tus ideas y el siguiente paso de ejecución)
Es muchísimo más fácil (y más divertido) *hablar* de las ideas que *ejecutarlas*.	
La inspiración es un excelente aditivo para nuestro trabajo, pero nunca debería convertirse en el fin de nuestra búsqueda.	
La inspiración, o el progreso mental en el pensamiento, debería tener algún movimiento correspondiente en el mundo físico.	
Que no se te conozca como el tipo que lo hace todo. Sé conocido como aquel que hace lo correcto.	

¿Qué plan?

En el reino de las ideas no hay escasez de pasión. Por otro lado, parece que hay sequía cuando se trata de la implementación de las ideas.

La pasión sin un plan de acción al final terminará en la tumba... a veces literalmente. Piensa en todos los libros que nunca se han escrito, las canciones que nunca se han cantado, los esfuerzos humanitarios que nunca han visto la luz del día y las ideas de negocio que se han ido a la fosa con las mismas personas que pensaron esos conceptos que podrían haber cambiado vidas.

Pasión sin realizar

Todo esto es mucho más fácil de decir que de hacer. ¿Quién no quiere crear procesos eficaces y pasos de acción? El problema es que muchos se sienten paralizados cuando se enfrentan con la realidad de tener que hacer el trabajo duro de investigación y desarrollo de una infraestructura que facilite una cultura de fabricación de ideas. Los fabricantes de ideas efectivos constantemente están pensando en el cómo tanto como piensan en el qué y el por qué. La infraestructura y los pasos de acción conducen su pensamiento, en vez de simplemente amontonar grandes ideas.

Casi puedo oír lo que algunos estarán diciendo ahora: «Yo no soy organizado, ¡ni siquiera tengo energía para serlo!». Por desgracia, esa excusa no funciona en el mundo real (a menos, por supuesto, que seas rico e independiente y puedas contratar a quien quieras). Muy bien, volvamos a la realidad.

La mayor parte de creativos que viven sus sueños tienen actualizada su pasión por medio de un plan premeditado y un trabajo duro. Punto. Así que ahora que *esa* excusa ha desaparecido, ¡planifiquemos!

A la hora de planear la acción para tu pasión, aquí tienes algunas preguntas fundamentales sobre las que querrás reflexionar regularmente según vayas avanzando en tu empresa:

- ¿Por qué haces lo que haces?
  - Esta pregunta llega al fondo de tus motivos y desvela el criterio para *tu* éxito. ¿Eres (o esperas ser) un fabricante de ideas que pueda ser su propio jefe? ¿Ganar un montón de dinero? ¿Hacer la transición a una nueva carrera? ¿Hacer del mundo un lugar mejor?
  - Clarificar el por qué se convertirá en una gran fuente de fuerza y concentración en tiempos de dificultad y confusión. Toma tiempo para escribirlo en un papel (sí, en papel) y colócalo en algún lugar donde puedas verlo regularmente.
- ¿Qué intentas hacer y cómo lo harás?
  - La respuesta a esta pregunta proporciona los principios básicos de tu empresa. Sí, esto te provee de objetivos y proceso. Es una pregunta que yo me hago todos los días con nuestro equipo. Una gran visión sin objetivos tangibles y un proceso seguirá siendo una quimera.
  - Esta es la pregunta en la que deben pensar constantemente todos los equipos. Eso te obligará a crear métricas diarias, semanales, mensuales y/o anuales para tu trabajo. ¿Cómo sabrás si has alcanzado tus objetivos? ¿Lo sabe también cualquier otra persona de tu equipo? ¿Son tus objetivos visibles, están colgados a la vista en algún lugar de tu área de trabajo?
- ¿Con quién trabajarás?
  - Encontrar los colaboradores y miembros de equipo adecuados es esencial para el éxito de una empresa. Las compañías y organizaciones nacen y mueren a causa de sus dinámicas de equipo. Nunca subestimes o des por hecho el proceso de

contratación o de asociación. El futuro de tu compañía puede que dependa de ello. Desarrollaré un poco más este principio en la última parte del libro.

o La dificultad a la hora de encontrar a la gente adecuada es que en realidad necesitas trabajar con ellos en un proyecto para ver si se ajustan bien. Además, no tomes las decisiones de contratación o asociación basándote solamente en la amistad. La amistad sola no es la respuesta para crear buenas asociaciones de negocios. Te recomiendo que participes en proyectos más pequeños con la gente con la que esperas trabajar antes de comprometerte en una asociación más grande. ¡Eso te ahorrará muchos sinsabores a la larga!

Tomarte un tiempo a menudo para hacerte estas preguntas te mantendrá en el buen camino y hará el viaje mucho más agradable.

Buena idea (pensamientos clave de esta sección)	¿Ahora qué? (tus ideas y el siguiente paso de ejecución)
La pasión sin un plan de acción al final terminará en la tumba... a veces literalmente.	_____ _____
Los fabricantes de ideas efectivos constantemente están pensando en el cómo tanto como piensan en el qué y el por qué. La infraestructura y los pasos de acción conducen su pensamiento.	_____ _____ _____ _____
La mayor parte de creativos que viven sus sueños tienen actualizada su pasión por medio de un plan premeditado y un trabajo duro.	_____ _____ _____
Una gran visión sin objetivos tangibles y un proceso seguirá siendo una quimera.	_____ _____

Cava un poco más hondo

Toda idea necesita un interrogatorio sano y un plan.

El atemorizador plan de negocio

Un plan de negocios es esencial para cualquier empresa, porque proporciona una dirección práctica para la visión y la pasión. Sin importar el estilo o la longitud, el proceso real de escribir un plan de negocio te proporcionará una claridad interna muy necesaria. Es un gran ejercicio de identificación y perfeccionamiento de los valores, procesos y objetivos de una compañía.

Incluso aunque estés comenzando una organización sin ánimo de lucro (lo que, en mi opinión, es una etiqueta horrible para ese campo), necesitarás un plan de negocio. En mi experiencia, muchas organizaciones emergentes evitan palabras como *negocio, ingresos, clientes, auditoría de mercado,* etc. Supéralo. Que no te confunda el lenguaje de negocios porque pienses que no encaja con tu nomenclatura organizativa. Necesitas pensar en ello en términos de proceso. Como dicen, no hay que tirar las frutas frescas con las podridas. Recuerda, ¡hay mucha fruta fresca que aprovechar! Demasiadas organizaciones sin ánimo de lucro buenas fracasan por culpa de la falta de un buen plan de negocio. Afortunadamente, hay numerosos recursos[1] que pueden ayudarte

---

[1] Comienza visitando www.sba.gov, la página web de la Administración de Pequeñas Empresas de EE.UU. Proporcionan útiles directrices para escribir un plan de negocio, así como varios recursos para pequeños negocios.

a elaborar un plan de negocio. Todo lo que se necesita es un viaje rápido a tu librería local (o a Amazon) para empezar.

La sabiduría de Wade

Wade Kawasaki es uno de los amigos a los que recurro cuando se trata de estrategia y desarrollo de negocios. Él es el vicepresidente ejecutivo de Coker Group, la empresa matriz de Coker Tire Co., Inc., líder de la industria de neumáticos y ruedas para vehículos antiguos. Wade es el responsable de las adquisiciones empresariales de Coker, la distribución global y la estructura de manufacturación, y la infraestructura corporativa. Ha sido consultor de numerosas compañías y entidades sin ánimo de lucro acerca de la organización y la infraestructura en las empresas. Wade es un firme creyente de que la infraestructura crea orden y procesos para apoyar a los que realizan el trabajo creativo.

Durante una de nuestras últimas comidas juntos, le pregunté qué pensaba acerca de la infraestructura empresarial, la creatividad y desarrollo de un negocio fuerte. Estas son algunas de las perlas de sabiduría que obtuve de Wade en la conversación:

- Muchos creativos crean y después rellenan su idea con organización. Esto es reactivo en el mejor de los casos y fatal para sus intenciones en el peor. Una organización proactiva es, con mucho, mejor que una reactiva.

- Todo consiste en la ejecución, y una gran parte de la ejecución es la finalización. Este no es el arte de hacer, sino más bien el arte de conseguir que se hagan las cosas. La infraestructura y los procesos pueden ayudar a crear un sistema mediante el cual se consigan hacer las cosas.

- Cuando desarrolles un plan de negocios, no pases por alto la gerencia empresarial. ¿Cómo deben ser los estatutos y la constitución para que la organización se convierta en lo que tú quieres que sea?

- Crea una junta que sea ejecutiva por naturaleza (p. ej., un equipo que esté lleno de gente a la que le guste llevar a término las cosas y que pida cuentas a los demás). Demasiadas juntas están llenas o con los nombres más prominentes o con los grandes fundadores, que no son necesariamente los que hacen el trabajo.

Aunque quizá necesites a estas personas, intenta ante todo reunir más gente con una mente dispuesta a la ejecución para construir la organización.

- ¡La comunicación es la clave! Cuanto más claro seas con la visión y los valores, más flexible podrás ser con la infraestructura. Habrá menos necesidad de controles y balances en el camino si la gente tiene claro hacia dónde se dirige la compañía.
- Según vayas creciendo, vuélvete más específico acerca de cada rol dentro de la organización. La escala requiere claridad en cuanto a las expectativas en el desempeño.

Wade será el primero en decirte que construir una compañía o una organización fuertes con un robusto plan de negocios es un camino más costoso de tomar, pero a la larga será más agradable y tendrá más recompensas.

Unas cuantas preguntas para fabricantes de ideas

Como puedes ver por los comentarios de Wade, las grandes ideas necesitan una infraestructura estratégica y un plan para su implementación. Descubrir ese plan a menudo es el resultado de hacerse unas cuantas preguntas saludables. Los fabricantes de ideas con los que he trabajado evalúan tenazmente sus ideas de forma regular e invitan a otros a hacer lo mismo.

La que sigue es una lista básica de preguntas que puedes hacerte mientras trabajas en la implementación o en un plan. Sí, «mientras trabajas» es la clave. He descubierto que algunas de las mejores preguntas se presentan en el proceso del avance. En otras palabras, no hay modo de que tengas todas las preguntas y respuestas necesarias antes de trabajar en una idea. En los próximos capítulos se ahondará en algunas de las siguientes preguntas:

- ¿Por qué/de qué modo es tu idea única o importante? ¿Pondrás algo único o significativo sobre la mesa?
- ¿Para quién es tu idea? ¿Hay un nicho específico de gente a la que estás intentando alcanzar?
- ¿Quiénes están en tu red de trabajo, y realmente les gusta tu idea? Sé honesto.

- ¿Por qué debería importarnos tu idea?
- ¿Es tu idea sostenible? ¿Cómo la financiarás y harás que crezca?
- ¿Es tu idea expandible? ¿Qué nivel de crecimiento te gustaría ver?
- ¿Cuál es el propósito de tu idea, y eres capaz de compartir lo esencial del concepto con alguien en menos de quince segundos? ¿Es esa breve descripción tan fascinante como para atraer a alguien para que se una a ti?
- ¿Tienes un plan de negocios escrito? ¿Cada cuánto tiempo lo revisas?
- (Para ideas virales) ¿Es reproducible? ¿Pueden los demás entender rápidamente el concepto y tomar el testigo?
- ¿Quién está dispuesto a trabajar con sacrificio contigo en tu idea? ¿Estás dispuesto a dar tu vida por esta idea?
- ¿Cuánta disciplina tienes? ¿Tienes un proceso creativo o un método para la organización?
- ¿Estás listo para trasnochar y hacer lo que haga falta?
- ¿Tienes a tu familia a bordo y con ganas de acompañarte en el viaje?

Deberías tener esta clase de preguntas continuamente en mente para que guíen tu planificación y tu implementación. No te desanimes si no crees tener todas las respuestas a estas preguntas ahora mismo. Muchas de ellas llegarán según vayas avanzando.

Da el primer paso. Eso significa compromiso, que abrirá muchas puertas que te ayudarán a poner en acción tu idea. Como dijo el escalador escocés W. H. Murray:

Hasta que uno se compromete, hay indecisión, la oportunidad de echarse atrás, siempre ineficacia. Con respecto a todos los actos de iniciativa y creatividad hay una verdad elemental, cuya ignorancia mata incontables ideas y espléndidos planes: que en el momento en que uno se compromete definitivamente, entonces la providencia se mueve también.

Toda clase de cosas suceden para ayudar a uno que de otro modo nunca habrían ocurrido. Todo un torrente de sucesos se extiende desde la decisión, alzándose a favor de uno toda clase de incidentes imprevistos, encuentros y material de auxilio que ningún hombre podría haber soñado que sucediera de esa manera.[2]

Buena idea (pensamientos clave de esta sección)	¿Ahora qué? (tus ideas y el siguiente paso de ejecución)
Las grandes ideas invitan a hacerse preguntas con cautela. Las grandes preguntas a menudo conducen a una estrategia y una responsabilidad más intencionadas.	
Un plan de negocios es esencial para cualquier empresa, porque proporciona dirección práctica para la visión y la pasión.	
No te desanimes si no crees tener todas las respuestas a estas preguntas ahora mismo. Muchas de ellas llegarán según vayas avanzando.	

---

[2] William Hutchison Murray, *The Scottish Himalayan Expedition* (J.M. Dent & Sons, 1951), pp. 6–7.

9

Las ideas no trabajan, ¡tú lo haces!

Mi familia emigró a Nueva York el 2 de junio de 1978. Todavía recuerdo el asombro del viaje desde el aeropuerto hasta la casa de mis tíos a las afueras de la ciudad. Yo estaba completamente alucinado por el tamaño de los edificios, la grandiosidad de la ciudad y la variedad de coches que veía en la carretera. Superaba de lejos lo que cualquier niño de cinco años hubiera imaginado de una tierra extranjera.

La cosa incluso mejoró cuando entramos con el coche en el barrio donde vivían mis tíos. Las casas del vecindario eran enormes (¡o al menos yo pensaba que lo eran en comparación de donde veníamos!). Tenían preciosos jardines y estaban situados en un paisaje pintoresco lleno de árboles y colinas. Cuanto menos, dejaba sin aliento.

La casa a la que entramos también era preciosa. Cuando conocí a mis primos, les interrumpí mientras veían *Las urracas parlanchinas...* ¡en color! (Sí, tan mayor soy.)

¡Pensé para mí que vivir en Estados Unidos iba a ser pan comido! Solo mira todas las cosas asombrosas que ofrece el país. ¡Chico, estaba equivocado!

Después de unas cuantas semanas, nuestra familia encontró un pequeño apartamento en Flushing, Nueva York. Era un espacio humilde bastante cerca de la ciudad, donde mis padres habían encontrado trabajo. Entonces empecé a enfrentarme con el hecho de que perseguir el sueño americano iba a ser todo menos fácil. Mi padre me levantaba muy temprano cada mañana para que pudiera acompañarle a llevar a mi madre a la fábrica textil antes de dejarme a mí en la escuela.

Nuestro primer coche familiar fue un viejo Pontiac Buick que costó 200 dólares y venía con la mitad de las ventanas intactas. Improvisamos con film transparente para cubrir el hueco donde se suponía que debían estar las otras ventanas. Sin embargo, todavía era algo bueno tener nuestro propio coche.

Pronto aprendí que el trabajo duro iba a ser el sello de mi vida. Mis padres no tenían otra alternativa. Como inmigrantes, no hablaban inglés, lo que significaba que no tenían el lujo de poder acceder a la clase de trabajos elegantes que tuvieron allá en Corea. Empezaron sus vidas de nuevo: desde abajo, prácticamente con nada. Mientras crecía, siempre me decían que las oportunidades llegarían si nos comprometíamos a trabajar más duro que el resto.

Unos cuantos años después, mis padres se tomaron el descanso que necesitaban con la oportunidad de poner en marcha un restaurante en el barrio de Koreatown de Los Ángeles. Lo aprovecharon al máximo, y trabajaban entre dieciséis y dieciocho horas al día al embarcarse en su nueva aventura. Poco a poco, pero con seguridad, empezaron a ganar impulso y reputación en la industria de la restauración coreana como innovadores. Mis padres marcaron muchas tendencias en los restaurantes coreanos en los años 80 y 90, que desde entonces se han convertido en básicos icónicos de la comida coreana.

No teníamos mucho cuando comenzamos. Muchas oportunidades estaban fuera del alcance de nuestra familia. Sin embargo, el deseo insaciable de mis padres de trabajar duro y de proporcionarnos una vida mejor fue lo que al final prevaleció.

El trabajo duro de la fabricación de ideas requiere tener agallas. No puedes usar excusas como «No tengo suficiente tiempo», o «Es que no sé por dónde empezar», como razones para no perseguir la clase de vida que sabes que estás diseñado para vivir. ¿No es impresionante cómo nos da tiempo a todo cuando se nos da la oportunidad de hacer lo que queremos? La verdad es que nosotros *haremos* tiempo para las cosas que valoramos.

Una de las últimas compañías que comencé fue construida básicamente entre las diez de la noche y las tres de la mañana entre semana y todo el día los sábados. Dada nuestra situación financiera en ese momento, sabía que no podía dejarlo todo y perseguir mi pasión. En vez de eso, mi mujer y yo decidimos que dedicaríamos dos años a construir esta compañía en mis horas libres. A menudo me veía yendo a mi oficina (léase, la mesa del comedor) para trabajar en el negocio después de que mi mujer y mis hijos se hubieran ido a la cama. Me comprometí a dedicar entre tres y cinco horas cuatro o cinco veces a la semana, con la intención de desarrollar mi sueño. Hice cuentas y las horas superaban las 600 al año. Adelanté mucho, y ahora estoy viviendo mi pasión a tiempo completo.

¿Qué podrías crear tú con unos cientos de horas extra al año? ¿Qué pondrías en marcha si supieras que tienes tiempo para apartar los obstáculos a tu sueño? ¿Qué te lo impide? ¿Qué está en juego si no lo haces?

Autosuficiencia para Project 7

En 2008, mi amigo Tyler Merrick empezó una nueva clase de compañía llamada Project 7. Después de montar una exitosa empresa de comida para mascotas, Tyler decidió centrar su atención en crear una compañía que elaborara productos cotidianos como agua envasada, caramelos de menta, chicles y café para beneficiar a siete áreas de necesidad social: hambre, enfermedad, paz, gente sin hogar, agua potable, medio ambiente y educación. Project 7 entrega una gran parte de sus beneficios a organizaciones benéficas dignas en estas siete áreas de atención.

El rápido crecimiento de Project 7 en el mercado global —evidenciado por la presencia de sus productos en miles de pequeñas tiendas hoy en día— puede dar la impresión de que son una gran corporación que elabora sus productos gracias a un capital ilimitado. Definitivamente, no es el caso. En realidad, es el resultado de que Tyler y su pequeño equipo hayan elegido ser autosuficientes para seguir siendo eficientes. Esta decisión permite a Project 7 cumplir su misión: dar generosamente para ayudar a personas en necesidad. Project 7 es un trabajo de amor en sacrificio para hacer de nuestro mundo un lugar mejor.

Tyler se refiere a sí mismo de forma justa como un capitalista social. Hace poco compartió conmigo algunas lecciones que había aprendido acerca de expandir una idea o soñar bien. Aquí tienes una lista de algunas de esas cosas que compartió conmigo durante el tiempo que pasamos juntos:

- **Pluriemplea tus sueños.** Continúa haciendo lo que haces a la vez que echas horas extra para además construir tu sueño. Tienes que estar dispuesto a dejar que la pasión sea una parte menor de tu vida hasta que puedas llegar al punto en que una inversión a tiempo completo se vuelva esencial.

- **No te sobreexpongas al riesgo.** Es incorrecto pensar que tienes que ir a por todas para que un sueño funcione de verdad. Demasiada gente va por todas de forma prematura, y el desánimo que da como resultado apaga prematuramente sus sueños. El tiempo es importante. No te precipites y lo abandones todo. Toma tiempo construir una idea. Lo sabrás cuando estés en la intersección del cambio.

- **Adopta la disciplina del recorte.** Recortar debería ser una constante para los propietarios de negocios. Demasiado a menudo un pequeño éxito hace que nuestros ojos se expandan más que nuestras cuentas corrientes. Es como una pareja de recién casados que decide comprarse una casa de cuatro habitaciones solo porque ambos tienen buenos trabajos. Está bien, pero en la mayor parte de los casos es innecesario. Según lances y expandas tu idea, asegúrate de ir filtrando si algo es una necesidad o un capricho. Filtra esas oportunidades de expansión a través de amigos y mentores de confianza.

¡Conviértete en autosuficiente!

La historia de Tyler es común entre la gente que pasa a vivir sus pasiones. El cambio a una búsqueda a tiempo completo rara vez sucede de la noche a la mañana. En realidad, me alegro de que no lo haga. Hay lecciones de la vida y de los negocios que se aprenden por medio del trabajo y el sacrificio. Es bueno para el alma. También te proporciona perspectiva una vez que llegas a ese punto. (Lo cierto es que ninguno llegaremos nunca a ese punto. Bienvenido a la vida. Todo se trata del viaje.)

Buena idea (pensamientos clave de esta sección)	¿Ahora qué? (tus ideas y el siguiente paso de ejecución)
No puedes usar excusas como «No tengo suficiente tiempo», o «Es que no sé por dónde empezar», como razones para no perseguir la clase de vida que sabes que estás diseñado para vivir.	_____
Haremos tiempo para las cosas que valoramos.	_____
La autosuficiencia es la norma para los fabricantes de ideas.	_____

10

Elige a la familia

Ninguna idea sucede en el vacío. Es inevitable que la decisión de los fabricantes de ideas de perseguir las suyas impacte en sus relaciones con los demás: ya sean amigos, familia o compañeros de trabajo. Para algunos, hacer realidad una idea conlleva un gran coste en relaciones humanas, incluso con aquellos a los que más aman.

De niño vi esto muy de cerca cuando mis padres se lanzaban a sus búsquedas empresariales. Aunque hubo muchos otros factores en la relación que finalmente condujeron a su separación y divorcio, no hay duda de que su estilo de vida de trabajar sin descanso les estorbó para crear suficiente espacio o tiempo para fortalecer nuestras relaciones familiares.

Nuestras vacaciones, cuando las teníamos, solían ser viajes de última hora de Los Ángeles a Las Vegas. En retrospectiva, entiendo por qué elegían ir a Las Vegas cuando tenían la oportunidad. No solo era un lugar que estaba a poca distancia como para ir en coche, sino que les permitía desahogarse. Debido a la naturaleza de su trabajo en la industria de la restauración coreana, nunca podían irse fuera durante periodos prolongados. Sinceramente, no sé lo que hubieran hecho mis padres *con* tiempo.

No me malinterpretes. Creo que mis padres hicieron lo mejor que pudieron con lo que tenían. No les culpo. Me amaban de verdad e hicieron todo lo que estaba en sus manos para darme oportunidades que ellos mismos nunca tuvieron.

Aunque mi historia pueda percibirse como desafortunada en muchos niveles, estoy muy agradecido por las lecciones vitales que me he llevado con respecto a la vida familiar, el trabajo y las ideas. Cuando persigas tus sueños, piensa en estas ideas acerca de la familia:

- Te ven tal y como eres realmente y aun así te quieren.
- El trabajo va y viene, pero las familias son irremplazables.
- Lleva casi tanto trabajo, si no más, construir una familia que un negocio.
- La vida se disfruta mucho más cuando puedes compartirla con la familia.
- La familia nos recuerda por qué —y para quién— estamos trabajando en definitiva.

Otros fabricantes de ideas que reconocen esto han creado adrede ritmos vitales alterados para poder cuidar las relaciones que más les importan.

Un ejemplo de esto es mi buen amigo Jeff Shinabarger. Jeff es uno de los jóvenes emprendedores más creativos que conozco. Vive en Atlanta, Georgia, y lidera una innovadora red de emprendedores sociales llamada Plywood People. Plywood People son innovadores que buscan resolver los problemas sociales tanto local como internacionalmente organizando, innovando y gestionando ideas que produzcan un cambio. La impresión y la influencia de Jeff se puede ver en varios proyectos y campañas con los que seguramente te habrás encontrado. Él solo es uno de esos tipos que no siente la necesidad de estar en una plataforma para sentirse realizado.

Jeff también es un padre reciente. En los últimos meses ha trabajado para cambiar sus prioridades y su agenda con la intención de construir una familia y un matrimonio saludables.

Hablé con Jeff hace poco acerca de la relación entre las ideas y la vida familiar. Él tenía algunos buenos pensamientos, incluidos los siguientes:

- Es importante no analizar el éxito de la familia por medio del éxito de tus ideas.

- Una cosa en la que he estado pensando últimamente es: «¿Qué pasaría si mis mejores ideas fueran para mi familia en vez de para los demás?».

- ¿Cómo es que invierto tanta energía pensando en ideas para mi organización o para mi negocio cuando no estoy usando el mismo nivel de energía creativa para mi propia familia? Estas cosas deberían tener el nivel de creatividad más alto.

- ¿Por qué cosas quiero que se me conozca en relación a mi propia familia? Si todo el mundo me llama creativo pero mi familia no, entonces no creo que esté viviendo la responsabilidad total que se me ha otorgado como padre: realmente no les he dado la atención y la energía creativa que les he dado a todos los demás.

- Quiero criar a mis hijos para que sean más creativos que yo. Si no les animo en eso, siento que realmente he fracasado como padre.

¿En serio? ¿Hay gente que piensa así? Fue una lección de humildad escuchárselo decir a alguien de treinta y un años.

Ten presentes a aquellos que se quedarán contigo a las duras y a las maduras cuando estés persiguiendo una idea. Si ganas a su costa, entonces no estás ganando nada.

Buena idea (pensamientos clave de esta sección)	¿Ahora qué? (tus ideas y el siguiente paso de ejecución)
Es inevitable que la decisión de los fabricantes de ideas de perseguir las suyas impacte en sus relaciones con los demás.	
El trabajo va y viene, pero las familias son irremplazables.	
La vida se disfruta mucho más cuando puedes compartirla con la familia.	

Un poco más lejos

¿Eres adicto a la inspiración? ¿Cómo se muestra esa adicción en tu vida diaria? ¿Cómo lidias con ella?

Planea la acción para tu pasión con estas preguntas:

- ¿Por qué haces lo que haces?
- ¿Qué estás tratando de hacer, y cómo lo harás?
- ¿Con quién trabajarás?

Sin importar el estilo o la longitud, escribe un plan de negocio. Proporcionará una claridad interna muy necesaria a tus valores, procesos y objetivos. Utiliza la lista de preguntas que se encuentra en el capítulo 8 para impulsar tus pensamientos.

¿Qué podrías crear con un centenar de horas extra al año? ¿Qué te lo impide? ¿Qué estaría en juego si no lo haces?

¿Estás aplicando el mismo nivel de creatividad y energía que usas en el trabajo para fortalecer y cimentar tu vida familiar?

Vencer la resistencia creativa

Borra tus noes y peros

N^{o.}
　　Todavía no.
　　¡Por supuesto que no!
No tengo dinero.
No tengo tiempo.
¡No tengo _____!
Pero no puedo.
¡Pero no sé cómo!
¿Pero qué pasa con _____?
¿Pero qué _____ ellos?

Por cada *sí* que podemos encontrarle a nuestra idea, estoy seguro de que podemos pensar en cientos de *noes* y *peros*. Las batallas internas y externas por una idea pueden volverse bastante abrumadoras. Pueden llevar al agotamiento, al desánimo, a la parálisis e incluso a la muerte de una idea. Realmente es cierto, cuando se trata de ideas, aquello de que solo las fuertes sobreviven.

¿Tiene que ser así? ¿Los enemigos de nuestras ideas son reales o imaginarios? ¿Se puede ganar esta batalla creativa? ¿Se puede superar la «resistencia», como la describió Steven Pressfield en su maravilloso libro *La guerra del arte*?[1]

---

[1] Steven Pressfield, *La guerra del arte: rompe las barreras y vence tus batallas creativas internas* (Nueva York: Black Irish Entertainment LLC, 2013).

Un cerebro prehistórico

Seth Godin se refiere a esta resistencia instintiva hacia las ideas como el *cerebro de lagarto*.[2] Es la parte física de nuestro cerebro —un nódulo prehistórico— responsable del control de nuestros miedos, la ira y el impulso reproductivo. Se acciona siempre que sentimos un cambio, un posible logro o un riesgo. Pressfield se refiere a ello como la voz del fondo de nuestra mente que nos dice que nos echemos atrás y que no nos inmiscuyamos, o que mejor no nos comprometamos. Nuestro cerebro de lagarto es totalmente irracional y a menudo se contradice con la realidad.

Por ejemplo, piensa en cuántas veces te has echado atrás a la hora de presentar una nueva idea en el trabajo por miedo a ser rechazado, ignorado o incluso a que se rieran de ti desde la gerencia. Algunos de nosotros incluso hemos contemplado la creencia de que nuestras ideas podrían hacer que nos despidiesen. ¿Es ese el caso en realidad? ¿A cuánta gente has visto despedida o ridiculizada por presentar una idea que podía mejorar la compañía? ¿Irracional? ¡Por supuesto!

La gente que sacia el cerebro de lagarto termina rechazando nuevos lanzamientos, insertando el miedo destructivo o el pesimismo en su cultura de trabajo y llenando el tiempo con reuniones innecesarias que producen un espejismo de productividad.

Godin señala con razón que nuestro trabajo es hacer callar e ignorar al cerebro de lagarto. Aquí tienes cómo intento yo silenciar al cerebro de lagarto:

- **Expresa la cuestión.** Yo trato de expresar por escrito mi resistencia creativa. Encuentro que eso es tremendamente útil para identificar las cuestiones esenciales y las presuposiciones subyacentes.
- **Busca asesoramiento.** Una vez articulada la cuestión, llevo mis pensamientos a un puñado de personas de confianza para que me asesoren acerca de mi lucha. En muchos casos ellos identifican rápidamente mis pensamientos irracionales y me ofrecen una crítica y el ánimo necesario para lo siguiente que hay que hacer.

---

[2] Busca en Google «Lizard Brain» en inglés y verás numerosos artículos y videos de Seth hablando de este concepto.

- **Escríbelo.** Después de recibir esta opinión, vuelvo y escribo algo más para documentar mis conclusiones. En algunos casos imprimo literalmente mis convicciones y las coloco allá donde me recordarán lo que necesito hacer.

Ahora que ya sientes un poco de esperanza, en el siguiente capítulo quiero volver atrás y profundizar en el modo en que proceso mis inseguridades como fabricante de ideas y cómo acallo al cerebro de lagarto.

Buena idea (pensamientos clave de esta sección)	¿Ahora qué? (tus ideas y el siguiente paso de ejecución)
Cuando se trata de ideas, solo las fuertes sobreviven.	
¿Los enemigos de nuestras ideas son reales o imaginarios?	
La gente que sacia el cerebro de lagarto termina rechazando nuevos lanzamientos, insertando el miedo destructivo o el pesimismo en su cultura de trabajo y llenando el tiempo con reuniones innecesarias que producen un espejismo de productividad.	

La atemorizadora mirada al interior

Sí, lo admito. Soy inseguro.

Lucho todos los días con cómo los demás reaccionarán a mis ideas.

Para mí, las ideas son muy personales. Llevan parte de mis sentimientos más íntimos acerca del mundo y de lo que creo que podría hacerse para que fuera mejor. Ya sea en una reunión con un cliente o con un buen amigo, compartir mis ideas es, en esencia, compartir una parte de mi alma.

También soy consciente de que las ideas tienen consecuencias. Muchas ideas crean un efecto dominó de acciones posteriores que pueden cambiar literalmente el curso de la historia. Las decisiones que cambian la vida se toman a causa de las nuevas ideas. Desafían, conforman y guían nuestras vidas. Las ideas son poderosas y tienen que ser respetadas.

Escribir este libro fue un salto a aguas desconocidas para mí. Aunque escribo en un blog de forma regular, nunca me he considerado realmente un escritor. Con sinceridad, todavía no lo hago. No puedo decirte cuántas veces durante este proceso me he sentido incompetente e inseguro acerca de mi escritura y mis habilidades comunicativas. Cuando mi editor se acercó por primera vez a mí para trabajar en el proyecto de este libro, me quedé sin palabras. «¿Quién, yo?», pensé para mí. Tengo que admitir que me reí un poco.

Incluso ahora, mientras escribo esta frase, mi mente se llena de preguntas acerca de lo bien que se recibirá y se aceptará este libro. Mientras me abro paso entre estos sentimientos incómodos, me doy cuenta de que trabajar en este proyecto ha hecho nacer en mí varias nuevas perspectivas acerca de cómo vencer la inseguridad en el proceso creativo.

Si en algo te pareces a mí, los siguientes pensamientos te ayudarán a superar tus inseguridades y miedos:

- **La inseguridad a veces está enraizada en un falso sentido de orgullo.** Suena paradójico, pero es bastante posible que nuestra inseguridad se base en una visión exagerada de nosotros mismos. Puede que seamos culpables de creernos con mayor influencia que la que en verdad tenemos. Relájate, más de seis mil millones de personas en el mundo nunca escucharán hablar de tu idea... ni les importará. Como se ha dicho, ¡nos preocuparíamos mucho menos por lo que la gente piensa de nosotros si nos percatásemos de que rara vez lo hacen!

- **La inseguridad puede ser una tapadera para nuestra desgana de ponernos manos a la obra.** He usado la inseguridad como una excusa para no avanzar en algo. Muchas veces la cuestión no tenía nada que ver con la aptitud, sino con mi disposición para comprometerme.

- **La inseguridad puede ser el resultado de no ver el cuadro general.** Como veremos más adelante en este libro, muchas grandes ideas necesitan que varias personas se sumen a ella para materializarse. La verdad es que ninguno de nosotros tiene la idea completa. De hecho, no somos capaces de seguir hasta el final sin la ayuda de los demás y de sus respectivas habilidades. Tú no tienes que saber hacerlo todo.

- **La inseguridad no se irá.** Eso es algo bueno. Creo que a todos los fabricantes de ideas se les deberían recordar regularmente sus deficiencias. Aprovecha este entendimiento para pensar en tus ideas de forma más colaborativa. Además, la necesidad de ayuda nos obliga a pensar con más creatividad. Algunas de las mejores soluciones a nuestros problemas llegan cuando reconocemos la necesidad. Así pues, la inseguridad que produce necesidad en realidad es una gran amiga del fabricante de ideas.

- **Seguir adelante a pesar de la presencia de inseguridades, miedos y dudas nos hace ser mejores seres humanos.** Casi todos los grandes fabricantes de ideas con los que he tenido el privilegio de trabajar a lo largo de los años han reconocido esta lucha con la inseguridad. Tener conciencia de esta área y comprender las fortalezas y debilidades personales ha ayudado a un sinnúmero de personas a acercarse a la materialización de sus sueños.

La verdad es que cualquier persona es insegura de alguna manera. La gente puede disfrazarlo con toda clase de elogios y de conexiones prestigiosas, pero cuando estamos solos todos tenemos que enfrentarnos con esta realidad. Sí, todos siguen siendo humanos.

Pero no podemos dejar que la inseguridad se convierta en la justificación para no hacer nada con nuestras ideas. Piensa en esto: la alternativa a *no* seguir adelante es vivir la vida que nunca has querido. Eso sería horrible, ¿no?

Las buenas noticias son que aquellos que eligen seguir adelante con sus ideas a pesar de la inseguridad, a menudo ganan confianza, una perspectiva más clara y unas relaciones oportunas que alimentan su esfuerzo.

Buena idea (pensamientos clave de esta sección)	¿Ahora qué? (tus ideas y el siguiente paso de ejecución)
Las ideas son muy personales. También son muy poderosas y tienen que ser respetadas.	_____ _____ _____
A todos los fabricantes de ideas se les deberían recordar regularmente sus deficiencias: eso les impulsaría a pensar de forma más colaborativa en sus ideas.	_____ _____ _____
La alternativa a *no* seguir adelante es vivir la vida que nunca has querido. Eso sería horrible, ¿no?	_____

Perturbaciones en la fuerza

La implementación de una buena idea requiere una fuerte inversión de tiempo, energía y capital. Muchos fabricantes de ideas rápidamente sienten el empuje gravitacional hacia un nuevo ritmo vital tan pronto se lanzan a nueva aventura. Una de las áreas más evidentes donde se puede notar este cambio es en las relaciones más cercanas del fabricante de ideas.[1]

Cada vez que empezamos a trabajar en la ejecución de una nueva idea, es inevitable que el tiempo y los recursos se canalicen hacia nuestra nueva aventura. Como resultado, a menudo eso afecta a nuestra capacidad para mantener el nivel de relaciones que tenemos a nuestro alrededor. Ya sea que las saquemos del tiempo que antes pasábamos con la familia, los amigos o los colegas, las horas empleadas en la búsqueda de una nueva idea naturalmente significarán menos horas con aquellos que están acostumbrados a un cierto nivel de compromiso relacional.

Estas perturbaciones en la fuerza relacional (¡sí, soy un friki de *La guerra de las galaxias!*) puede causar de forma subconsciente que

---

[1] Stephen Pressfield tiene una perspicaz sección sobre este principio es su libro *La guerra del arte.*

aquellos que tienes alrededor comuniquen su disgusto, su desacuerdo e incluso sus críticas hacia tu nueva idea. Puede que la gente que te ama y que quiere que tengas éxito se encuentren interfiriendo con tus esfuerzos sin saber por qué. No es que no les importe; más bien, están procesando lo que significará para ellos esta nueva fase de la vida y cómo interactuarán contigo día a día.

Como fabricante de ideas, si simplemente admites y reconoces esta dinámica es probable que te vuelvas menos propenso a disgustarte y frustrarte con aquellos que amas. Escribo esto para recordarte que las ideas tienen un coste, incluso de vez en cuando en las relaciones. Simplemente asegúrate de recordar que la resistencia que sientes puede que en realidad no se trate de un ataque personal a tu idea.

Me di cuenta de estas perturbaciones en las relaciones hace unos cuantos años mientras lideraba una organización durante una época de expansión hacia nuevas áreas. Empecé a notar que la gente que, en mi opinión, tenía que ser más favorable al cambio no estaba siendo la más entusiasmada. Después de varias conversaciones con los depositarios clave, comencé a darme cuenta de que sus dudas tenían poco que ver con la idea de crecimiento. De hecho, gran parte de ellos estaba a favor de hacia donde se dirigía la compañía. Su preocupación se centraba en lo que eso significaba para las dinámicas de equipo y la cultura del trabajo. Algunos de ellos creían que tendrían menos acceso a los dirigentes principales de la organización y eso les hacía sentir una desconexión potencial hacia el movimiento global.

Esta nueva perspectiva me llevó a pasar más tiempo clarificando la visión y facilitando oportunidades de colaboración para fabricar un sentido más profundo de pertenencia y acceso. Dave Blanchard, ex diseñador empresarial de IDEO, me dio un gran consejo durante una de nuestras conversaciones acerca de esta clase de tensión relacional. Como él dijo: «Con respecto a la gente más cercana a ti, la comunicación extra y la transparencia total son la clave». La tensión relacional a menudo es el fruto de la falta de comunicación o de una sensación de abandono.

Traerlo a casa

Las perturbaciones en la fuerza por supuesto que también pueden sentirse en casa. Muchos de los cónyuges o personas importantes de los fabricantes de ideas son mucho más calculadores y menos aventureros en sus decisiones de lo que serán ellos. Esto significa que preguntan constantemente a los fabricantes de ideas cómo van a implementarlas y a qué costo. Necesitan —y merecen— saber lo que estamos pensando y cómo planeamos llegar allí (incluso aunque no tengamos todas las respuestas).

Al principio de mi matrimonio yo simplemente supuse que mi mujer sabría por arte de magia por qué y cómo perseguiría mis ideas. (Insertar una risa aquí.) Ella tenía que entenderlo, ¿no? Después de todo, fue lo suficientemente lista para escogerme. (Insertar carcajada aquí.)

En realidad, su falta de comprensión por mis esfuerzos no tenía nada que ver con su inteligencia. Tenía más que ver con *mi* falta de sabiduría a la hora de incorporarla a ella en mi proceso. No hace falta decir que comencé a sentir una frustración cada vez mayor de su parte, especialmente en las épocas en las que un nuevo proyecto me consumía. Los comentarios superficiales de frustración se transformaron en pesimismo acerca de una idea o redirigieron las conversaciones hacia la vida familiar (o la falta de ella).

Mi primera respuesta fue defensiva. Comencé a preguntarme por qué ella no apoyaba mis ideas. La última persona que esperaba que fuese crítica era mi propia esposa. Fueron momentos muy desalentadores. Por fortuna, cuando comencé a examinar de nuevo el modo en que trabajaba, pronto me di cuenta de que no me había comunicado lo suficiente con la persona más cercana a mí. Por obvio que pareciese, era culpable de hacer exactamente lo mismo que advertía a otros que no hicieran.

Mi esposa y yo ahora nos comunicamos regularmente acerca de mis nuevas aventuras. Esta práctica no solo mejoró nuestro matrimonio, sino que también me permitió ser más intencionado a la hora de clarificar mis intenciones y procesos a los demás. Me comunico regularmente con mi esposa acerca de las ideas, sistemas y carga de trabajo para que ella sea consciente de cuándo puede que tenga que pasar más tiempo fuera de casa. Ella también reconoce que estas épocas van y vienen. Ella se ha comprometido a ayudarme a navegar por las oportunidades mientras vigila mi capacidad de procesamiento. Le he pedido a mi esposa que sea abiertamente crítica e inquisitiva acerca de mis ideas. Yo sé que cuanto más claro entienda ella mi camino, mejor podremos trabajar en las cosas que al final beneficiarán a nuestra familia y nuestra relación.

Buena idea (pensamientos clave de esta sección)	¿Ahora qué? (tus ideas y el siguiente paso de ejecución)
En cuanto se lanzan a una nueva aventura, los fabricantes de ideas rápidamente sienten el empuje gravitacional hacia un nuevo ritmo de vida... particularmente en lo que concierne a sus relaciones más cercanas.	
La gente que te ama y que quiere que tengas éxito se encuentren interfiriendo con tus esfuerzos sin saber por qué.	
La tensión relacional a menudo es el fruto de la falta de comunicación o de una sensación de abandono. La comunicación extra y la transparencia total son la clave para arreglarlo.	

CAPÍTULO

14

Escúchame

A nadie le gustan las críticas.

Nadie se levanta por la mañana diciendo: «¡Espero que alguien me critique duramente hoy!».

Sin embargo, cualquier idea importante digna de desarrollo será criticada en algún punto. En un mundo donde el cliente es el rey, no sorprende que muchos se crean con el derecho a expresar sus críticas abiertamente, incluso cuando esas críticas estén injustificadas. Ya sea un estándar, un estilo o un servicio, se ha convertido en algo común pensar que tenemos el derecho a criticar si no se cumplen nuestras expectativas. No importa lo conocido o no que nos sea el producto o la idea; nuestra experiencia tiende a sobrepasar todo lo demás.

No escribo esto para decir que deberíamos ignorar las críticas. Más bien, aprender cómo escucharlas bien, incluso las de extraños, puede convertirse en algo extremadamente beneficioso cuando trabajamos para mejorar nuestras ideas. Más adelante en el libro compartiré algunos pensamientos acerca de cómo lidiar con el conflicto y la tensión en un escenario de equipo. Mientras tanto, aquí tienes algunos modos prácticos para darles la vuelta a las críticas para tu beneficio, especialmente en la participación pública.

- **Discierne la diferencia entre una crítica a tu idea y un ataque directo hacia ti como fabricante de ideas.** Si es la primera, entonces debes recibirla con los brazos abiertos. Es posible que tu crítico vea algo que a ti se te ha escapado. Si ese es el caso, asegúrate de agradecérselo abiertamente y de hacer los cambios necesarios para hacer avanzar la idea. Si es la segunda opción, tendrás que decidir cuál es la respuesta apropiada. Por ejemplo, si parece que el crítico está mal informado, una amable respuesta de aclaración a menudo se encargará de las percepciones erróneas. Por otro lado, si la crítica es ofensiva, especialmente en una plataforma pública como un blog o en redes sociales, es mejor continuar la conversación en privado. Asegúrate de comunicar públicamente tu intención de proporcionar una clarificación fuera de línea. Si el ataque es despiadado en sí, lo mejor es ignorarlo. Mucha gente entenderá la naturaleza negativa del enfrentamiento y comprenderá por qué estás eligiendo no responder.

- **Piensa en el cambio antes que en la defensa.** Si el objetivo de cualquier enfrentamiento es mejorar tu idea o producto, los comentarios no deberían desanimarte. De hecho, asegúrate de solicitar regularmente a tus clientes o tu base de apoyo críticas constructivas acerca de tu trabajo. Me gusta el enfoque para las opiniones que ha tomado Skype últimamente. Después de cada llamada hay un cuestionario rápido de un solo clic que pregunta cómo ha sido la calidad de la llamada. Hay poca necesidad de responder a la defensiva si el objetivo es la mejora del producto.

- **Siempre posiciónate desde el respeto.** Nadie gana cuando empiezas a actuar como un idiota. En muchos casos, al final acabará dañando tu marca. Sé cortés y reconoce el hecho de que la persona tomó tiempo para hacer su aportación. Asegúrate de que comunicas tu deseo de mejorar tu trabajo e invita a esa persona a que te ayude a hacerlo.

La otra cara de la moneda (poner en práctica lo que predicamos)

Demasiado a menudo para mi gusto, me encuentro siendo injustamente crítico con el trabajo de los demás. En retrospectiva, muchos de esos momentos de crítica no constructiva procedían de mi inseguridad y envidia por el éxito de la otra persona. El éxito de los demás es difícil de gestionar para muchos emprendedores competitivos. Nuestro orgullo a menudo nos convence de que si se nos hubieran dado las mismas circunstancias que a la persona que envidiamos, hubiéramos tenido el mismo éxito... si no más.

¿Alguna vez has sido culpable de esto?

Ya hubieras estado en el lado de ser criticado injustamente o en el de sentir la envidia de los demás, la realidad es que esta clase de enfrentamientos rápidamente se vuelven infantiles e improductivos (si no abiertamente mezquinos) para las partes implicadas.

Tengo que confesar que hubo momentos en los primeros años de mi vida en los que intencionadamente aproveché y presioné con la envidia que sentía de los demás para provocar una respuesta. En otras palabras, ¡se lo restregué por las narices! Como resultado, causé un conflicto y un dolor innecesarios en esas relaciones. Ya te dije que la cosa podía ponerse infantil.

Por fortuna, me vuelvo mejor con los años. Con los años cada vez me encuentro menos jugando al juego de la comparación y la envidia. Aquí tienes el porqué:

- No merece la pena el esfuerzo. Hay muchas otras cosas en las que podemos y debemos emplearnos que tienen propósitos mucho más nobles que criticar a los demás.

- Las críticas no constructivas son eso: no constructivas.

- Mi cuestión normalmente es *mía* y no de los demás. La crítica revela más del carácter del crítico que de la persona a la que se critica.

- Gran parte del conflicto es ficticio e imaginario. No está basado en la realidad. Es más una percepción que un hecho. Nadie conoce la historia completa.

- Te puedes volver mucho más productivo y fuerte si celebras el mérito de tu competidor. ¿Quién sabe? Puede que en realidad aprendas un par de cosas.

- La envidia de los demás puede darte una falsa sensación de éxito. Solo porque alguien piense que seas exitoso no significa que realmente lo seas.

- Es poco probable que, de todos modos, cambies a la otra persona.

La vida es demasiado corta para gastarla en estas formas superficiales de enfrentamiento. Céntrate en trabajar tus ideas y deja que los demás lidien con las críticas. Decide vivir en optimismo y mira el lado bueno de las cosas que vienen a tu vida. Concentra tu energía en el bien productivo y en ver lo bueno de los demás. Te prometo que la vida será mucho más agradable de ese modo.

Buena idea (pensamientos clave de esta sección)	¿Ahora qué? (tus ideas y el siguiente paso de ejecución)
Aprender cómo escuchar bien las críticas, incluso las de extraños, puede convertirse en algo extremadamente beneficioso cuando trabajamos para mejorar nuestras ideas.	
Si el objetivo de una crítica es mejorar tu idea o producto, los comentarios no deberían desanimarte.	
Céntrate en trabajar en tus ideas y deja que los demás hagan las críticas.	

Un poco más lejos

¿Alguna vez te has echado atrás a la hora de presentar una nueva idea en el trabajo por miedo a que fuera rechazada, ignorada o a que la dirección se riera de ti? ¿Qué lo ha motivado?

Expresa por escrito la resistencia creativa que estás experimentando. Después manda esos pensamientos a unos cuantos amigos de confianza para que te den su opinión y te ayuden a identificar cualquier pensamiento irracional que estés experimentando.

¿Alguna vez has permitido que tu inseguridad se convirtiera en la justificación para no hacer algo con tus ideas? Rememora ahora esa idea. Si la hubieras implementado, ¿en qué habría cambiado tu vida, o el mundo?

¿Qué relaciones pondrá en peligro el hecho de perseguir tu nueva idea? ¿De qué manera puedes manejar proactivamente esa tensión antes de que se vuelva peor?

Piensa en una crítica reciente. ¿Cómo respondiste? ¿Cuál fue el resultado?

Allanando el terreno creativo

15

Sin cláusula de escape

«No tengo tiempo para trabajar en eso».
«Es que no soy muy organizado».
«Yo soy más un visionario».
¿Te suena familiar?

Todo eso suena muy razonable, ¿verdad? ¿Quién puede culpar al amante de ideas por ser sincero con su carácter y sus circunstancias? ¿No están los creativos exentos de ser organizados?

No.

No importa lo bien que manejemos el arte de la excusa creativa. No nos acercará en lo más mínimo a la materialización de nuestras ideas. No hay manera de evitarlo. Debes organizar tu proceso creativo. Punto. Por desgracia, demasiada gente se ha permitido —en nombre de la creatividad— una falsa sensación de permiso para no ser organizado. La organización no tiene por qué ser el archienemigo de la creatividad. De hecho, la organización y la creatividad deben trabajar codo con codo para que cualquier idea se haga realidad.

No hay pociones mágicas, encantamientos o secretos que quiten la necesidad de algo parecido a una estructura en el proceso creativo. Piensa en cualquier individuo o compañía creativa que admires. ¿Tienen alguna clase de proceso creativo? Creo que sí.

Muchos de los creativos memorables de la historia tuvieron un sistema para implementar las ideas. Ve los sistemas como un medio para disciplinar tu arte y tus habilidades. A la larga, desarrollar esos hábitos saludables te liberará para ser lo que quieres ser. Igual que la disciplina al final les da a los músicos la libertad de expresar lo que hay en sus almas, los sistemas proporcionan la misma clase de libertad a los fabricantes de ideas.

Parafraseando una cita de Edison, las ideas son un uno por ciento de inspiración y un noventa y nueve por ciento de transpiración. La transpiración es la gasolina que permite que la inspiración avance.

Así pues, ¿cómo se organiza la creatividad? Aquí tienes algunos principios elementales para considerar:

- **La confesión es buena para el corazón y buen lugar donde comenzar.**

  «Hola, me llamo Charles y tengo un problema para organizar mi creatividad». El primer paso para la recuperación es admitir que tienes un problema. Deja de poner excusas. La energía que te toma racionalizarlo se podría emplear en implementar ideas, incluso las imposibles.

- **Encuentra ayuda.**

  Si la organización es un área de debilidad, tómate un par de semanas para hablar con gente que consideras que es muy organizada y pregúntales cómo lo hacen. Pregúntales cuáles les parecen las herramientas y sistemas más útiles. Rodearte de fabricantes de ideas que están más interesados en la implementación que en la cháchara acerca de ideas teóricas te inspirará y te desafiará. Si te tomas en serio lo de ver tus ideas cobrando vida, encontrarás que muchos estarán más que dispuestos a ayudarte en el camino. No te cortes en preguntar.

- **Céntrate en la acción.**

  Mi amigo Scott Belsky, autor del libro *Making Ideas Happen* [Hacer realidad las ideas],[1] a menudo escribe y habla acerca de nuestra necesidad de pasar a la acción. Él enfatiza los enormes beneficios de adoptar una postura en la vida hacia la acción. Aunque puede que suene evidente, tener una predisposición a la acción realmente puede cambiar el modo en que vives. A mí me ha permitido ser mucho más proactivo y productivo en mi trabajo.

---

[1] Scott Belsky, *Making Ideas Happen: Overcoming the Obstacles Between Vision and Reality* (Nueva York: Penguin Group, 2010).

Esto ha afectado al modo en que enfoco las reuniones. Primero, ya no convoco reuniones que no son necesarias. (Sí, soy culpable de haber convocado reuniones solo porque estaban planeadas en el calendario.) Si una reunión no genera una acción significativa que fomente la misión de una compañía u organización, para empezar no tiene por qué existir.

Segundo, pasé de tener a una persona tomando notas por todos los demás del equipo a tener a todo el que esté en la reunión tomando notas. La productividad requiere que uno sea capaz de identificar y crear los siguientes pasos de forma tangible para un seguimiento contextualizado. No puede ser el trabajo de una sola persona. Cada líder debe tomar la iniciativa para escuchar y escribir activamente sus propios pasos de acción. Este cambio ha incrementado grandemente tanto el nivel de compromiso como la productividad. (Además, ¿en realidad quién lee el acta de notas que se envía después de una reunión? ¡Exactamente!)

Tercero, cada reunión produce una lista colaborativa de cosas que deben hacerse para avanzar con una idea. Ver una acción visible en una pizarra (o al menos en un papel) puede hacer al grupo responsable de los próximos pasos.

Como sugiere el título de este libro, cualquier buen fabricante de ideas debe continuar preguntándose: «¿Ahora qué?». La acción es esencial.

- **Acepta la realidad del perfeccionamiento.**
  No hay un modo perfecto de ser organizado. Aceptemos el hecho de que refinar nuestras habilidades organizativas será una empresa de por vida. Nunca llegaremos al final. Un sistema imperfecto que busca progresar es muchísimo mejor que no tener ningún sistema.

Aunque no son pasos mágicos para la fabricación de ideas, espero que imagines algo hoy para hacer avanzar tus ideas. Cuando lo hagas, aparecerá un sistema que te ayudará a organizar tu creatividad y a implementar tus ideas.

Recuerda siempre que tu idea es demasiado importante para no rodearla de organización.

Buena idea (pensamientos clave de esta sección)	¿Ahora qué? (tus ideas y el siguiente paso de ejecución)
La organización y la creatividad deben trabajar codo con codo para que cualquier idea se haga realidad.	
Igual que la disciplina al final les da a los músicos la libertad de expresar lo que hay en sus almas, los sistemas proporcionan la misma clase de libertad a los fabricantes de ideas.	
La transpiración es la gasolina que permite que la inspiración avance.	

¿Tienes ritmo?

Todos tenemos ritmo.

Déjame que te lo explique. Todos tenemos un ritmo vital.

Creo que para cada uno de nosotros hay momentos y entornos específicos que son óptimos; momentos en los que prosperamos en nuestro trabajo. Son esos segmentos del día en los que la energía y la concentración están en lo más alto. Es cuando hacemos nuestro mejor trabajo. Ser conscientes y aprovechar estos tiempos oportunos puede incrementar exponencialmente la productividad y la rapidez de entrega.

Por ejemplo, yo soy mucho más creativo por la mañana. Una vez llega la hora de la comida, tiendo a ralentizarme en gran manera. No es que no pueda ser productivo por las tardes; solo que me cuesta bastante más hacer las cosas cuanto más avanzado está el día. Por eso trato de hacer la mayor parte de mi trabajo creativo por la mañana. Generalmente intento usar la tarde para ponerme al día con las cosas que no demandan mucha energía creativa, como responder correos electrónicos, organizar citas en la agenda, preparar las reuniones de actualización del proyecto y hacer la contabilidad básica. También me gusta reunirme con la gente por las tardes porque así no tengo que poner yo solo toda la energía.

Normalmente encuentro mi segundo aliento ya tarde por la noche, cuando mi familia se ha ido a la cama. Suelo usar ese tiempo para perfeccionar cualquier nueva idea o ponerme al día con el desarrollo de un proyecto. Dispongo un límite de tiempo para el trabajo nocturno, para asegurarme de que descanso algo para el día siguiente.

También he identificado los entornos en los que trabajo mejor. Tiendo a ir a los mismos lugares, ya sea una cafetería o un espacio de reuniones, porque me he dado cuenta de que tengo menos problemas para ponerme a trabajar. Supongo que es parecido a la memoria muscular. Trabajar en entornos similares minimiza el tiempo necesario para concentrarse.

También disfruto trabajando en los aviones. Saber que no me puedo levantar y marcharme (eso no sería bueno) me obliga a concentrarme en la realización de una tarea. En realidad me gusta el sonido del motor del jet porque tiende a ahogar otras distracciones. Aunque no me gusta viajar especialmente, el tiempo de trabajo en un avión definitivamente es un beneficio. Como podrás adivinar, varios capítulos de este libro se han escrito durante un vuelo.

El punto esencial aquí es que todos necesitamos descubrir lo que nos funciona mejor. Una vez que lo hagamos, tenemos que comprometernos a hacer uso de ello para un comportamiento productivo. *Conocer* el mejor momento y el mejor entorno es muy diferente a *reestructurar* realmente nuestra agenda. Esto es cierto tanto para las personas como para los equipos.

Cuando se trabaja con equipos, he comprendido que es importante averiguar cómo trabajan mis compañeros en lo que se refiere a sus propios ritmos personales. Por eso es que tiendo a escabullirme de las tediosas reuniones matutinas (en realidad, de la mayoría de reuniones). Si nuestro equipo se reúne por la mañana, quiero que sea acerca de sueños creativos y de la proyección de conceptos potenciales. Por supuesto, esto no siempre marcha si tienes creativos que no funcionan bien por las mañanas. Afortunadamente para mí, puedo trabajar tanto por la mañana como a última hora de la noche. Como mínimo, deberías querer averiguar cuáles son las porciones del día que tu equipo prefiere evitar para las reuniones creativas. Sospecho que será a media tarde para la mayoría.

A pesar de todo, los equipos necesitan hablar de esto y ver cuándo están más creativos, productivos y comprometidos. Para algunos, cualquier conversación sobre ideas será revitalizadora, sin importar el momento. Incluso aunque esto sea cierto para ti, no tiene por qué ser así para el equipo completo.

Aunque haya momentos en los que no tengamos elección para los tiempos óptimos de compromiso, es importante ser conscientes de ello para planear estratégicamente el día cuando sea posible. Si trabajas para otra persona y tienes voz en el proceso, ¿por qué no proponerle a tu jefe que lo considere?

Hace años, cuando solía dejarme llevar y no le prestaba atención al ritmo vital, así era mi día:

6:30 – Levantarme y preparar a los niños para la escuela.

8:30 – Llegar a la oficina, abrir el ordenador y comenzar a contestar correos.

9:30 – Empezar a centrarme en el trabajo del día.

9:50 – Sentir algo de impulso y de productividad.

10:00 – Interrumpir la productividad para asistir a reuniones.

12:00 – Comer.

13:00 – Volver al trabajo intentando hacer algo mientras me distraigo con las redes sociales.

14:00 – Seguir tratando de concentrarme.

15:00 – Concentrarme finalmente pero ansiando una pausa para el café.

15:30 – Ponerme al día con los correos electrónicos.

16:30 – Un esfuerzo final de trabajo antes de volver a casa.

17:30 – Dejar el trabajo sintiéndome muy retrasado.

18:30 – Llegar a casa y cenar con la familia.

19:30 – Tratar de ponerme al día con el trabajo vía teléfono mientras estoy con la familia.

21:00 – Preparar a los niños para irse a la cama.

22:00 – Pasar tiempo con mi esposa.

23:00 – Volver a ponerme al día con el trabajo.

1:00 – Ver un poco del canal de deportes.

2:00 – Finalmente irme a la cama durante unas horas.

6:30 – Despertarme exhausto para comenzar de nuevo el día.

¿Te suena familiar?

No es extraño que la gente trabaje bajo las órdenes del reloj. La cuestión no es realmente la falta de tiempo, sino la falta de concentración y de conciencia. Añádele algunos acontecimientos inesperados a todo esto y terminarás en un mundo de dolor.

Al final te costará algo vivir de este modo. ¿Qué estás dispuesto a abandonar? ¿Tu salud? ¿Tu cordura? ¿Las relaciones con las mismas personas por las que trabajas tan duro?

Da que pensar.

Tómate un momento para escribir *tus* momentos óptimos durante el día, así como tus mejores entornos para la producción creativa. Después, abre tu calendario para ver si se corresponde con tu ritmo vital. Hazlo con tu equipo también y mira si puedes llegar a algunas conclusiones colectivas que ayuden a tu compañía u organización a ser más productivas. La conciencia de tu ritmo individual y corporativo mantendrá las cosas en perspectiva para todos los implicados.

La última vez que lo miré, ninguno de nosotros éramos superhombres. No lo olvides.

Buena idea (pensamientos clave de esta sección)	¿Ahora qué? (tus ideas y el siguiente paso de ejecución)
Ser conscientes y aprovechar estos tiempos oportunos durante el día cuando prosperas en tu trabajo puede incrementar exponencialmente la productividad y la rapidez de entrega.	
Trabajar en el mismo o en entornos similares minimiza el tiempo necesario para concentrarse.	
Conocer el mejor momento y el mejor entorno para ti es muy diferente a *reestructurar* realmente tu agenda.	

No añadas solamente; multiplica

—¿**P**odrías hacerme un gran favor?
—Por supuesto, lo que quieras.

—¿Te interesaría ayudarme a comenzar este proyecto?
—Sin problema, sacaré tiempo. ¿Qué es?

—Tengo una idea. Sé que es trabajo extra, pero creo que tiene un gran potencial.
—¡Me encantaría ser parte de cualquier cosa que estés haciendo! Estoy seguro de que puedo cambiar algunas cosas y hacer que funcione. Entonces, ¿cuál es tu idea?

—¿Qué es lo que haces para ganarte la vida?
—Bueno, soy _____, _____ y _____, y también _____, _____ y _____.

Siempre que escucho esta clase de preguntas o afirmaciones, se me encienden las luces de alarma en la cabeza.

Una generalidad dispersa

Una vez escuché una entrevista con Seth Godin en la que parafraseaba a Zig Ziglar, y decía: «No seas una generalidad dispersa. Más bien, sé un detalle significativo». ¿De qué hablaba? Es mejor hacer unas pocas cosas realmente bien en vez de hacer muchas cosas con mediocridad.

Ser extraordinario en algo requiere concentración y compromiso a largo plazo. Es muy improbable que una persona lo consiga sin abandonar algo. De hecho, seguramente requerirá el sacrificio de muchas cosas.

La adopción superficial de muchas ideas solo añade más horas de trabajo. El compromiso concentrado en un par de ideas multiplica la productividad.

Seamos honestos. Este es el dilema de muchos amantes de ideas.

Los amantes de ideas nunca tienen suficiente. Es totalmente adictivo y difícil de resistir.

Sí, estoy hablando de nuevas ideas (conocidas también como destellos de genialidad... al menos, eso es lo que parecen en el momento). Para la gente embelesada por las ideas, la brillante aparición de más ideas a menudo es demasiado irresistible. ¿Qué hay de malo en añadir nuevos conceptos a un proyecto o añadir un nuevo proyecto entero? Necesitamos más ideas, ¿no?

Bueno... sí y no.

Es cierto que las nuevas ideas pueden beneficiar enormemente a una empresa. De hecho, las nuevas ideas —en especial aquellas que estratégicamente perfeccionan o añaden valor al proyecto— son necesarias. Por desgracia, muchos de esos destellos de ideas también pueden distraer mucho y drenar nuestra energía, y algunos incluso pueden hacer descarrilar un proyecto de su objetivo original. Muchos destellos de ideas parecen geniales porque inyectan adrenalina a las mentes y los corazones de los que los experimentan.

Las malas noticias...

Como cualquier otro subidón, suele haber un bajón. Así que, ¿qué es lo que hacen los adictos después de un bajón? Van por un poco más.

Para los amantes de ideas, esto significa más reuniones y más ideas. Al final, los miembros del equipo o se sentirán sobrepasados por la cantidad de trabajo o comenzarán a calificar las reuniones de puro autobombo, puesto que muchas de las ideas igualmente no se ponen nunca en práctica. Seguir insistiendo en el camino de los destellos de ideas terminará en desánimo, tensión y la desconexión de todos los implicados. Cuando se trata de una nueva idea, no puedes gritar lo de que viene el lobo demasiadas veces.

¿Un consejo?

Aquí tienes un par de cosas que tú (y tu equipo) pueden hacer para permanecer centrados y multiplicar el impacto en vez de simplemente añadir más horas a la carga de trabajo:

- **No te olvides del objetivo.** Los objetivos son importantes. De hecho, son vitales para el éxito de cualquier idea. Los objetivos son las metas de la misión. Los objetivos (o metas) proporcionan una guía muy necesaria, unos límites saludables y unos resultados medibles (tanto en cantidad como en calidad). Trabajar en una idea sin un objetivo es como tomar una foto a oscuras. Aquí tienes algunas preguntas para pensar:
  - ¿En qué manera apoya la idea los objetivos del esfuerzo?
  - ¿Hay elementos en la idea que en realidad pueden dañar la misión?
  - ¿Los objetivos son medibles?
  - ¿Los objetivos proporcionan límites saludables para participar en la amplitud o el alcance de la idea?
  - ¿Por qué estás trabajando de nuevo con esta idea?
  - ¿De qué manera tus ideas obedecerán a los objetivos?
  - ¿Hay alguna pregunta o proceso orientativo desarrollado en esta área de alineación de las ideas con los objetivos y los objetivos con la misión?

- **Sé neutral y presiona el botón de pausa.** Cuando experimentes uno de esos destellos de idea, recuérdalo y revisítalo más adelante. Si es bueno, se quedará. En otras palabras, déjalo reposar un poco en tu mente antes de lanzarte de lleno a ello. Rechaza la urgencia de decir sí o no en el momento, especialmente durante las reuniones. Créeme, tu equipo te lo agradecerá. Todos necesitamos algo de tiempo, especialmente con las ideas importantes, para procesarlas y decidir en consecuencia. Desarrolla un sistema sencillo que te permita documentar y filtrar los nuevos conceptos. Aquí tienes algunas sugerencias:

○ Tómate los tres minutos que te lleva escribir (o teclear) tu idea. Yo suelo llevar encima una libreta de Moleskine con una sección específica dedicada a las nuevas ideas. También intento grabar la idea en mi portátil. Utilizo un programa sencillo de notas para mantener las cosas organizadas. Algunos programas te permiten etiquetar las ideas en categorías apropiadas para que puedas encontrarlas fácilmente más tarde. A decir verdad, probablemente podrías usar un documento como lugar de almacenamiento temporal hasta que tengas tiempo después para clasificar tus ideas.

○ Revisa regularmente tus ideas. Yo tengo programado un tiempo cada semana para revisar las nuevas ideas y oportunidades. A menudo lo planeo para cuando estoy viajando, porque me encuentro más concentrado en esos momentos. Normalmente utilizo el tiempo de espera antes de embarcar en el aeropuerto o el propio tiempo de vuelo para revisar las ideas recientes. Intento no pasar más de treinta minutos con esto. Si una idea comienza a removerme el corazón, apartaré un tiempo más adelante esa semana para trabajar en ello con propósito.

○ Durante las reuniones, tomo el consejo de Scott Belsky, que sugiere que los equipos escriban las nuevas ideas y las coloquen en una columna en segundo plano en sus notas.[1] De este modo los equipos pueden seguir concentrados con el proyecto que tienen entre manos sin distraerse demasiado. Pueden reunirse después para explorar específicamente esas nuevas ideas.

• **Piensa en la integración y no en la adopción.** Una nueva idea no tiene que ser una nueva adquisición para tu trabajo actual. Piensa en modos de integrar elementos de los nuevos conceptos en tu trabajo en vez de calcular la manera de adoptar toda la pesca. He visto que esto me ayuda a concentrarme en los objetivos globales a la vez que sigo haciendo avanzar los proyectos. Si la nueva idea viene de otro grupo, asegúrate de clarificar las

---

[1] Scott Belsky ofrece varias ideas útiles como esta en su libro, *Making Ideas Happen: Overcoming the Obstacles Between Vision and Reality* (Nueva York: Penguin, 2010).

expectativas y el producto final. En la próxima sección sobre colaboración se seguirá explicando cómo debería funcionar esto.

Descubriendo el poder de la concentración

Perseguir un sueño nunca es fácil.

Cualquier empresa importante requiere una profunda evaluación y exploración de las pasiones y motivos de cada uno para vivir la vida. Yo he tenido que tomar algunas decisiones duras apartando elementos y oportunidades que me importaban mucho para perseguir mis sueños.

Durante una reciente época de cambio, llegué a redescubrir el poder de la concentración, especialmente en lo que se refiere a la multiplicación de la productividad. Mi hipótesis había sido que redistribuyendo el número de horas de mis numerosas áreas de trabajo y canalizándolas a mi nuevo centro de atención simplemente añadiría todas esas horas de valor a mi nueva empresa. En otras palabras, pensaba que añadiendo veinte horas más a mi pasión produciría algo equivalente a horas más de trabajo. Por fortuna, estaba equivocado.

En realidad, veinte horas más de trabajo concentrado producen mucho más exponencialmente que una colección dispersa de horas. He descubierto que centrarme en una cosa durante un periodo prolongado multiplica la productividad y la calidad.

Sí, comprendo que esto suena como un lujo para muchos emprendedores. Sé que llegar a ese momento del salto a la plena dedicación lleva mucho tiempo y requiere un nivel de sacrificio muy alto. A mí me llevó más de dieciocho meses de apretarme el cinturón económico, de noches sin dormir y de sacrificios de inversión tener la capacidad de comenzar algo en lo que creía completamente. Yo he sentido completamente la tensión entre querer sumergirte en algo que hace que el corazón te lata más deprisa y la realidad de tener que ganarte la vida, especialmente aquellos con familias. Reconozco que es una decisión increíblemente difícil para la mayoría.

Sin embargo, si haces tus tareas y apañas tu vida para poder hacerlo, ir por todas durante una época no es una mala idea. Personalmente, creo que merece la pena el riesgo de perseguir una pasión durante un año o dos. Averigua lo que realmente necesitas —por lo menos— para sobrevivir y presupuesta tu vida para que puedas dar un gran paso hacia tus sueños. Puede que te lleve un año o dos llegar a ese sitio, pero estoy convencido de que vale la pena. Te sentirás mucho más vivo y productivo que nunca si eliges concentrarte en algo durante una época e incluso permitir que otras cosas buenas esperen.

Sé que muchos de ustedes pueden hacer malabares con cien cosas a la vez. Que puedas hacerlo no significa que debas. Además, seamos sinceros, uno no puede convertirse en el mejor de algo si estás manteniendo en equilibrio múltiples intereses.

Continuemos colocando nuestras vidas más en pos de la concentración y menos de la distracción.

Buena idea (pensamientos clave de esta sección)	¿Ahora qué? (tus ideas y el siguiente paso de ejecución)
Ser extraordinario en algo requiere concentración y compromiso a largo plazo.	
La adopción superficial de muchas ideas solo añade más horas de trabajo. El compromiso concentrado en un par de ideas multiplica la productividad.	
Cuando experimentes uno de esos destellos de idea, recuérdalo y revísitalo más adelante. Si es bueno, se quedará y estará ahí más tarde cuando tengas tiempo de procesarlo.	
Averigua lo que realmente necesitas —por lo menos— para sobrevivir y presupuesta tu vida para que puedas dar un gran paso hacia tus sueños.	

18

¡Puedo verlo!

«U na imagen vale más que mil palabras».
Este conocido refrán pone de relieve el poder de lo visual para comunicar al observador ideas complejas y grandes cantidades de datos rápidamente. Lo visual proporciona perspectiva, invita al compromiso y tiene el poder de poner al espectador en movimiento. Ya sean palabras, imágenes o símbolos, lo visual tiene el poder de clarificar conceptos y activar la dirección.

Muchos de los fabricantes de ideas con los que he tenido el privilegio de trabajar tienen instrumentos visuales que continúan inspirando sus empresas creativas al mismo tiempo que los mantienen concentrados. La que sigue es una lista con algunas de las ayudas visuales que he visto a lo largo de los años:

- Un muro dedicado a perfilar visualmente el proceso creativo con notas autoadhesivas de colores de un proyecto actual que destacan el progreso.
- Un objeto que trae a la memoria un momento que inspiró el nacimiento de la compañía.
- Fotografías bellamente enmarcadas en la pared de la oficina de la gente que se ha beneficiado del trabajo de una organización, con un breve resumen que incluye sus nombres y su historia.
- Citas memorables distribuidas por el edificio que señalan los valores de una compañía.

- Un diseño arquitectónico intencionado que permite a los empleados desarrollar de forma más natural una cultura del trabajo que encarna los valores de la compañía.

- Calendarios impresos en grandes hojas de papel o dibujados en paredes que se pueden utilizar como pizarras que exponen y dan la bienvenida a los comentarios y la interacción de los miembros del equipo.

- Una pizarra o un espacio en un cristal para que los miembros del equipo tomen notas y refinen las nuevas ideas.

- Iconos y/o símbolos codificados por todo el espacio de trabajo que señalan a un proyecto o campaña actual.

A mí personalmente me gusta colgar con cinta adhesiva visuales de proyectos actuales o asuntos que me han inspirado recientemente a pensar de forma diferente. Puede que sea una imagen, una cita o incluso un artículo que haya desafiado mi pensamiento. Si es suficientemente importante, incluso lo llevaré conmigo cuando conduzca o viaje. Yo soy una persona muy visual, así que tener recordatorios físicos a mi alrededor se ha convertido en algo extremadamente útil para ayudarme a mantener el rumbo. Otro beneficio es que esas notas visuales tienden a ser grandes pies de conversación con la gente que los ve. Muy a menudo los demás añadirán más perspectiva y valor a lo que yo considero importante.

Más que digital

Lo digital es genial, pero hay algo en llevar un objeto físico que me resulta entrañable y familiar. Los educadores nos han dicho durante años que añadir más sensaciones a una experiencia la hace más memorable. ¿Por qué no añadir esto a tu proceso creativo?

Justo ahora, algunos de ustedes estarán pensando: *¿Cómo voy a encontrar tiempo para hacerlo?*

La buena noticia es que los recursos visuales seguramente te ahorrarán tiempo a largo plazo, porque te mantendrán centrado y en crecimiento. Una vez hayas desarrollado ese hábito, normalmente terminará saliéndote sin esfuerzo. Se convertirá en una parte de tu ritmo diario.

Para materializar, primero hay que visualizar.

Buena idea (pensamientos clave de esta sección)	¿Ahora qué? (tus ideas y el siguiente paso de ejecución)
Lo visual proporciona perspectiva, invita al compromiso y tiene el poder de poner al espectador en movimiento.	_____ _____ _____
Lo visual tiene el poder de clarificar conceptos y activar la dirección.	_____ _____ _____
Para materializar, primero hay que visualizar.	_____ _____ _____

CAPÍTULO

19

Aprieta el botón de pausa

«Dar cera. Pulir cera. Inspirar por nariz. Expirar por boca». ¿Recuerdas el papel de Pat Morita como el señor Miyagi en *Karate Kid*? Un clásico.

Tomó a un adolescente llamado Daniel LaRusso (interpretado por Ralph Macchio), que estaba siendo acosado por los matones del vecindario que sabían kárate, y lo entrenó para ganar el mismo campeonato de kárate en el que estaban esos adolescentes al final de la película. Espero que no te haya reventado el final. Por otra parte, la película original tiene casi treinta años.

Durante los primeros días del entrenamiento de Daniel, el señor Miyagi hizo que encerase todos sus coches mientras se centraba en su respiración. Por supuesto, al estilo de Hollywood, a pesar de la frustración de Daniel con estos ejercicios tan raros, todo se cerró en un círculo hacia la dulce victoria. Daniel se da cuenta de que algunos de los movimientos de su arte marcial estaban basados en el mismo movimiento de dar cera. Además, la habilidad para respirar con calma en situaciones de presión al final le ayudó al ganar en el último combate.

¿La moraleja?

Algo tan elemental como respirar permitió a Daniel conseguir un objetivo mayor en su vida, incluso en medio de una presión y un dolor muy grandes. Creo que todos recordamos su patada de grulla con una sola pierna al final de la película. Lo mismo que parecía ser una completa pérdida de tiempo y energía se convirtió en el fundamento sobre el que su sueño se hizo realidad.

Algunas acciones que parecen contraproducentes o contrarias a la intuición son a veces necesarias. Por paradójico que suene, las ideas necesitan espacio. Necesitan espacio y tiempo para respirar, perfeccionarse y crecer. Una presión ofensiva sobre tus ideas puede ahogar y limitar su innovación. Crea algo de espacio. Apártate y toma aire. Tu idea lo necesita.

Pasar demasiado tiempo con una idea sin tomarse un descanso a menudo lleva a frustraciones, tensiones y una ansiedad innecesaria. Las ideas se toman su tiempo para desarrollarse y necesitan espacio en ese proceso. Está bien decir: «Revisitemos esta idea mañana».

Tómate un tiempo muerto. Pausa. Stop. (O como quieras llamarlo.) Aquí tienes algunas maneras de incorporar espacio a tus ideas.

- **Anticipa cuando sea posible.** Fuera de las revisiones de última hora, haz lo posible para crear un proceso que te permita anticiparte. Si eres creativo, ¿hay algún proceso que te permita desarrollar conceptos sin tener que resolver las cosas a última hora? ¿Tienes un programa de logros incrementales y no solo de fechas límite?

- **Invita a voces de fuera.** Aunque haya algunas áreas de confidencialidad, ¿eres capaz de invitar a voces de fuera, incluso de fuera de tu campo, para discutir los elementos de tu idea? A menudo invito o contrato a consultores externos para que me ayuden a pensar mejor en mis conceptos. Esa clase de inversión a menudo ayuda mucho a la posterior implementación de la idea. Si tu presupuesto es bajo, espero que tengas suficiente capital relacional de donde echar mano. Además, toma un tiempo regularmente para leer cosas de fuera de tu campo. Yo estoy suscrito a un puñado de blogs de áreas donde no trabajo profesionalmente. Estos campos sin relación entre sí me ayudan a crear espacio en mi pensamiento acerca de los proyectos en los que estoy involucrado.

- **Aléjate.** Si el tiempo lo permite, aléjate del desarrollo de tu idea. Trabaja en algo completamente diferente durante un par de días. Dale a tu idea y a ti mismo un poco de espacio para reconsiderarlo. Si eres un emprendedor en serie, ¡te reto a que te tomes un fin de semana libre!

Tu vida también necesita espacio

La vida en nuestro mundo actual es sin duda opresiva y abrumadora. El incremento del número de tareas, responsabilidades y expectativas puestas sobre los individuos por nuestra cultura (y por nosotros mismos) suele constreñir nuestra capacidad para disfrutar de la vida: la misma vida que nos esforzamos tanto en conseguir. Irónico.

La verdad de la cuestión es que nadie tendrá nunca suficiente tiempo para hacer todo lo que su corazón desea. Punto. Sí, tenemos que sobreponernos a la mentalidad múltiple que muchos de nosotros portamos. Intentar hacerlo todo por una idea a la vez que le decimos que sí a todos los demás y a sus ideas al final nos acabará matando (puede que incluso literalmente).

Todos necesitamos momentos de pausa. No me refiero necesariamente a vacaciones, sino simplemente a momentos para tomar aire y reflexionar. Sinceramente, muchos de nosotros nos tomamos las vacaciones afanosamente, dejando muy poca flexibilidad en nuestros planes para disfrutar de verdad del tiempo libre. A menudo, en las vacaciones hay más de realización de tareas que de relajación. ¡La verdad es que para algunos de nosotros no existen las vacaciones de ninguna clase!

Consejo de urgencias

Seré sincero (tampoco es que haya estado mintiendo antes). Me resulta difícil practicar la ideación espacial: darle a mis ideas tiempo y espacio para respirar. Quiero estar en mi rutina. Quiero trabajar en las ideas sin descanso. Adoro lo que hago. Mi ego me dice que puedo trabajar a pesar de obstáculos como el bloqueo mental o el cansancio. Una vez en movimiento, nunca quiero parar. El conejo de Energizer no tiene nada que ver conmigo. Al menos, así es como solía pensar.

Hace pocos años me encontré trabajando en tres empleos que sumaban aproximadamente ochenta horas a la semana. Me sentía bien. No estaba estresado, así que seguía adelante. Un día comencé a sentir una sensación de hormigueo en las manos. No le di mucha importancia hasta que, al final, se me paralizaron ambas manos. Tras un gentil empujoncito de mi esposa (que en realidad fue más bien una orden) me fui a urgencias.

Los doctores hicieron toda clase de pruebas y me pusieron medicación intravenosa. Regresaron y me dijeron que la parálisis estaba causada por el estrés.

«¿Qué? ¿Cómo es posible, si yo no me siento estresado?», les pregunté.

Uno de mis doctores, durante una visita de seguimiento, hizo que me sentara y me lo explicó. Comenzó diciéndome que yo era un monstruo de la naturaleza. Dijo que mi mente había sido entrenada para hacer caso omiso de cualquier cosa que mi cuerpo me quisiera comunicar. No sentía el estrés porque mi mente se había negado a escuchar a mi cuerpo. Él dijo que a menos que cambiase drásticamente de modo de vida acabaría metido en un hoyo. Una indirecta.

Mi vida cambió ese día. Comencé a alterar intencionadamente mis actividades diarias. Me aparté de uno de mis trabajos y me centré de inmediato. Comencé a pasar varios momentos al cabo del día para tranquilizar mi cuerpo. Traté de escuchar a mi cuerpo aunque no podía oírle decirme nada. Me tomé tiempo incluso para pensar en la respiración. Sí, tomar aire y soltarlo. Puede que suene tonto, pero hacer una pausa salvó mi vida.

Me preocupa que muchos de ustedes que están leyendo este libro estén yendo de cabeza hacia la sala de urgencias. De hecho, no me sorprendería si algunos ya han estado allí. Necesitamos hacer una pausa regularmente, tanto para nosotros mismos como para nuestras ideas.

¡Aplica los descansos!

Aquí tienes algunos consejos prácticos para poner más pausas en tu vida:

- Cierra la puerta del despacho, apaga las luces y cierra los ojos durante cinco minutos. Sé lo que estás pensando. Te dormirás porque estás muy cansado. Si estás tan cansado, realmente necesitas cambiar tu vida. Vamos a comprometernos. Mantén los ojos abiertos.

- Ve al coche durante unos minutos y simplemente siéntate. Abre las ventanillas y permanece quieto.

- Detente en un parque durante diez minutos durante la comida cuando alguien cancele una cita. No llenes tu calendario con otra cita. Está bien. El mundo seguirá funcionando sin otra reunión.

- Ponte unos auriculares y escucha una canción que te guste, preferiblemente una que te recuerde por qué haces lo que haces.

- Da un paseo de cinco o diez minutos alrededor de tu lugar de trabajo. Sonríe un poco. Todo va a ir bien.

Estos simples momentos de pausa marcarán una gran diferencia para ti y para tu idea. El destino se encuentra en el resultado de las pequeñas decisiones que tomas en la vida.

Buena idea (pensamientos clave de esta sección)	¿Ahora qué? (tus ideas y el siguiente paso de ejecución)
Las ideas necesitan espacio y tiempo para respirar, perfeccionarse y crecer. Una presión ofensiva sobre tus ideas puede ahogar y limitar su innovación.	
El incremento del número de tareas, responsabilidades y expectativas puestas sobre los individuos por nuestra cultura (y por nosotros mismos) suele constreñir nuestra capacidad para disfrutar de la vida: la misma vida que nos esforzamos tanto en conseguir.	
Intentar hacerlo todo por una idea a la vez que le decimos que sí a todos los demás y a sus ideas al final nos acabará matando.	

Un poco más lejos

Escribe las excusas que has utilizado para darte permiso para ser desorganizado. (Mira el capítulo 15 para encontrar una lista que te lo recuerde.) Toma esa lista y hazla pedazos. Ahora no tienes excusa.

Encuentra un creativo que esté produciendo de forma constante y pregúntale qué sistema o proceso utiliza para hacer las cosas. Inténtalo.

Toma un momento para escribir tus mejores momentos a lo largo del día, así como los entornos óptimos para la producción creativa. Después, abre tu calendario y mira a ver si encaja con tu ritmo de vida. Haz lo mismo con tu equipo y mira si juntos pueden llegar a alguna conclusión colectiva que ayude a tu compañía u organización a ser más productiva.

Mira tu lista de proyectos. ¿Cuáles son los que te mueven por dentro? ¿Cuáles son los que desearías no haber aceptado nunca?

Piensa en algo visual que simbolice o exprese tu idea. ¿Cómo puedes integrarlo en tu flujo de trabajo o en tus esfuerzos promocionales?

Los simples momentos de pausa marcarán una gran diferencia para ti y para tu idea. Intenta alguna de las ideas del final del capítulo 19 hoy y hazlas un hábito en tu vida.

Elementos para la fabricación de ideas 1

El arte de la evolución

Me encantan los emprendedores.

Los emprendedores son, con mucho, algunas de las personas más apasionadas que conocerás. Me encanta estar rodeado de personas afines a mí a las que no les da miedo aventurarse a áreas nuevas y desconocidas. Su valentía, tenacidad y creatividad a menudo evocan una profunda inspiración y un desafío necesario para mi vida.

Por desgracia, no todos los que se hacen llamar emprendedores lo son. Muchos son en realidad amantes de ideas que están estancados, por alguna u otra razón, en su búsqueda. ¡El cerebro de lagarto está en alerta máxima en sus vidas! Para muchos, el miedo sobrecogedor de no saber la extensión completa de aquello en lo que se están metiendo les ha paralizado.

Aquí tienes un pequeño secreto acerca del espíritu emprendedor (y la fabricación de ideas): es imposible saber del todo qué esperar hasta que ya te encuentras en el modo de implementación. En otras palabras, ninguna cantidad de trabajo previo aclarará todas las preguntas que tienes sobre tu aventura. De hecho, es posible que el análisis excesivo de una idea te inhabilite para seguir adelante. Paradójicamente, es el mismo acto de la implementación lo que hace posible enmarcar las preguntas adecuadas que necesitas para tu viaje. Aquí tienes algunas razones del por qué:

- **La idea con la que empiezas rara vez será la misma que con la que terminas.** Todas las ideas evolucionan, y esta evolución requiere de nuevas preguntas y perspectivas a las que adaptarse según vaya creciendo la idea. No te estreses con lo de tener todas las respuestas antes de empezar. De hecho, ¡probablemente no tendrás siquiera todas las *preguntas* que necesitas para hacer realidad tu idea! Saldrán a la luz según empieces a implementar.

- **Muchas de las preguntas previas a la implementación son hipotéticas en el mejor de los casos.** La gente pasa mucho tiempo considerando escenarios que puede que nunca tengan lugar. De hecho, muchos de ellos *jamás* sucederán. Aunque es bueno tener una idea general de lo que puede ocurrir, no tienes que ser un experto mundial en tu idea antes de empezar. Date un poco de espacio. No pasa nada por no estar completamente seguro; sigue delante de todos modos. Esto puede parecer contrario a la intuición, pero tendrá más sentido conforme sientas el impulso. Sigue avanzando a la vez que planificas.

- **Hay multitud de ayudas por el camino.** A menos que estés pensando en embarcarte en algo absolutamente único en el mundo, no tendrás que llevar adelante tu plan tú solo. Planea traer voces oportunas para ayudarte según vayan surgiendo nuevos problemas y oportunidades. Tómate un tiempo para respirar y reflexionar en tu proceso. Celebra las lecciones que aprendas por el camino y registra esas ideas.

Las ideas son orgánicas. Continuarán adaptándose a sus entornos. La idea que *fue* no es la idea que *es*, ni es la idea que *finalmente será*.

No estoy diciendo que no debas hacer tus deberes antes de lanzarte a una nueva aventura. De hecho, deberías tener un claro sentido global de lo que estás persiguiendo y lo que estás poniendo sobre la mesa. Pero demasiados fabricantes de ideas potenciales se quedan estancados innecesariamente porque sienten que necesitan controlar todo el proceso. Es imposible conocer el proceso completo, así que ponte en marcha. Muévete. Permite que la clase adecuada de preguntas específicas aparezcan en el camino.

Buena idea (pensamientos clave de esta sección)	¿Ahora qué? (tus ideas y el siguiente paso de ejecución)
Es imposible saber del todo qué esperar hasta que ya te encuentras en el modo de implementación.	_____ _____ _____
A menos que estés pensando en embarcarte en algo absolutamente único en el mundo, no tendrás que llevar adelante tu plan tú solo.	_____ _____ _____

21

¿ADN o I+D?

¡Los fabricantes de ideas nacen o se hacen?

Difícil cuestión. Aunque es verdad que algunas personas parecen tener una habilidad innata para llevar adelante una idea, muchos parecen haber desarrollado intencionadamente un conjunto de herramientas, perspectivas y valores para conducir su fabricación de ideas.

No importa si estás comenzando una compañía, una organización o una campaña. Cualquier empresa de un fabricante de ideas parece recaer sobre las cualidades de la persona o personas que dirigen la visión. Al trabajar de cerca con miles de fabricantes de ideas a lo largo de los años, he podido identificar algunas cualidades de aquellos que parecen tener éxito constantemente implementando los conceptos.

La que sigue es una lista abreviada de algunas de esas cualidades:

- **La intuición por encima de los estudios de mercado.** Esto no quiere decir que los fabricantes de ideas exitosos no hagan estudios de mercado cuando entran en un nuevo espacio. Más bien, a la hora de la verdad, suelen ponerse del lado de su intuición incluso cuando el mercado les dice lo contrario. Preferirán tomar una decisión a contracorriente si eso significa que podrán vivir sin el remordimiento de no haberlo intentado. Para muchos la intuición no será más que una noción fugaz, pero para muchos fabricantes de ideas es su referente.

- **Confianza para adaptarse.** Muchos fabricantes de ideas serán los primeros en admitir que no tienen una estrategia completa trazada al modo de una escuela de negocios. Lo que sí tienen es una clara visión por escrito y un gran sentido de la dirección. Sin embargo, tienen confianza en sí mismos para adaptarse y resolver cualquier problema que pueda ponerse en su camino. Tienen una gran seguridad en sus propias capacidades y reconocen que pueden pedir ayuda en áreas donde les falta conocimiento o experiencia.

- **Indudable ética laboral.** Los fabricantes de ideas son algunas de las personas más trabajadoras que conozco. Muchos con los que he trabajado tienen como una de sus principales fortalezas la cualidad de triunfadores. Un triunfador es alguien que trabaja incansablemente para conseguir un objetivo y no permite que obstáculos o distracciones se interpongan en el camino de la materialización de una idea. Sí, los fabricantes de ideas por lo general son adictos al trabajo y no les importa sacrificar el placer momentáneo por algo mayor. Además, no se mueven solamente por las ganancias económicas. El éxito económico puede ser el resultado de su búsqueda, pero rara vez es el objetivo. El gozo de hacer cobrar vida a una idea importante sobrepasa grandemente cualquier beneficio temporal.

- **Compromiso de aprender.** Los fabricantes de ideas son como esponjas gigantes. Quieren aprender de cualquier persona sobre cualquier cosa. Reconocen que no tienen todas las respuestas y están dispuestos a ponerse en el lugar del aprendiz. Por eso muchos fabricantes de ideas exitosos leen mucho y a menudo buscan saber más de sus respectivos campos. Encarnan el dicho de Harry Truman: «No todos los lectores son líderes, pero todos los líderes son lectores». Los fabricantes de ideas prosperan en esta era digital donde el acceso a la información está en un máximo histórico.

- **La colaboración como necesidad.** Muchos fabricantes de ideas no piensan en la colaboración como simplemente una buena opción. Saben y admiten abiertamente que necesitan ayuda de una fuerte red de personas que están mucho más cualificadas que ellos. Han arreglado su vida para dar la bienvenida a las aportaciones y las asociaciones con otros.

- **Optimismo eterno. Muchos fabricantes de ideas ven la copa medio llena y esperan que se llene aún más.** No permitirán que la perspectiva negativa de los pesimistas interfiera en sus esfuerzos. La negatividad, especialmente cuando no es constructiva, no se tolera. Hay demasiado en juego como para emplear energía contra las críticas.

- **Cansados pero felices.** Nada puede reemplazar la alegría de estar persiguiendo los propios sueños o pasiones. Aunque los fabricantes de ideas a menudo se sienten cansados físicamente, aún tienen energía porque se sienten completamente vivos. Los fabricantes de ideas nos recuerdan lo que significa vivir por lo que crees.

¿Alguna de estas cualidades te resulta familiar? ¿Tienes la sobrecogedora sensación de que te he estado describiendo a ti? Probablemente estés leyendo este libro porque seas un fabricante de ideas. ¡Así que adelante!

Buena idea (pensamientos clave de esta sección)	¿Ahora qué? (tus ideas y el siguiente paso de ejecución)
A la hora de la verdad, los fabricantes de ideas exitosos suelen ponerse del lado de su intuición incluso cuando el mercado les dice lo contrario.	
Muchos fabricantes de ideas serán los primeros en admitir que no tienen una estrategia completa trazada al modo de una escuela de negocios. Tienen un plan, pero reconocen que la adaptación es parte del juego.	
Nada puede reemplazar la alegría de estar persiguiendo los propios sueños o pasiones.	

Riesgo (¡sobrevalorado!)

«¡Tienes que arriesgarlo todo!».

«¡Ve por todas!».

«¡Da un paso de fe!».

«Eres un emprendedor. ¡No lo hagas a medias!».

A menudo se retrata al fabricante de ideas como un individuo que lo arriesga todo. ¿Es eso realmente cierto?

Sí y no.

Aunque es verdad que las ideas requieren cierto nivel de riesgo que hay que asumir, no suele ser tan arriesgado como parece desde la distancia. Muchos de los fabricantes de ideas de éxito con los que me he cruzado han aprendido a manejar bien el riesgo. Han desarrollado senderos para evaluar y minimizar el riesgo. En otras palabras, es posible que los fabricantes de ideas no asuman necesariamente más riesgos que los demás. Creo que muchos simplemente tienen una gran confianza en su habilidad para perseguir una idea y una gran fuerza de voluntad para hacer el trabajo duro de manejar los riesgos. Tal vez esa confianza en sí mismos a veces pueda ser pretenciosa, pero es verdad que la clave es el trabajo de manejar los riesgos. Comienza con reunir la información.

¡Muéstrame los datos!

Google ha construido una industria completa centrada en la organización y el agregado de datos. Numerosos artículos han destacado la fortaleza de Google en el análisis de datos y en cómo al final guía las decisiones de la empresa. Las cosas en Google rara vez ocurren por capricho artístico. El ejército de ingenieros y gurús de los negocios que guían a la compañía dependen en gran medida de los datos para minimizar los riesgos y maximizar el rendimiento. No es accidental que se muestre un número particular de enlaces patrocinados cada vez que buscas algo en Google. Toda decisión está respaldada por los datos.

Aunque no hay garantías de que todo lo que salga de Google se convierta en un éxito (Google Buzz es un buen ejemplo), existen muchas probabilidades de que los productos y servicios se encuentren con una gran aceptación.

Los datos no garantizan los resultados de una idea, pero sin duda proporcionan una gran perspectiva sobre los escenarios posibles y probables. Saber esto le dará al fabricante de ideas una increíble ventaja sobre sus competidores.

Piensa en una compañía como Walmart, que proporciona a sus vendedores datos casi a tiempo real del inventario y la venta de productos en todos sus centros. Para que los vendedores de Walmart obtengan un beneficio recíproco y le saquen todo el provecho a esos datos, a cambio deben desarrollar una infraestructura para el análisis efectivo del punto de venta, los indicadores clave predeterminados del rendimiento, una estrategia para las ventas directas y, por supuesto, grandes cantidades de espacio para almacenar la información. No, una hoja de cálculo no sirve.

Esta clase de recopilación, almacenamiento y distribución masiva de datos proporciona un amplio soporte para la toma de decisiones. No es extraño que los beneficios y la influencia de Walmart continúen creciendo.

Tu idea necesitará datos que te ayuden a tomar decisiones sensatas. No te pongas de parte del riesgo porque eso te haga sentir más vivo. El riesgo está muy bien hasta que te golpea en el estómago. Un riesgo sin calcular puede volverse peligroso para tu salud.

No estoy diciendo que no puedas tener suerte y ganar la lotería con tu idea. Tampoco estoy diciendo que necesites tenerlo todo controlado desde el principio. Simplemente digo que los datos pueden ser unos grandes aliados a la hora de hacer que tus ideas cobren vida. ¿Para qué asumir un riesgo que no tienes que asumir?

Los que siguen son algunos modos de manejar el riesgo en los primeros pasos de la puesta en marcha:

- **Haz tus tareas.** No hay excusa para no aprender tanto como puedas acerca de tu área de pasión. De hecho, deberías buscar convertirte en una autoridad en ese campo. ¿Por qué no? Si te comprometes a empaparte de buenas prácticas y de ideas a la vez que compartes tus hallazgos con la gente que te importa, ¿quién dice que no puedes convertirte en una autoridad en nuestra era digital? (Hablo más de esto en la Parte 8 del libro.)

  Uno de los principales beneficios de conocer bien tu industria es que reducirá significativamente los riesgos. La capacidad de ver el estado actual de la industria de uno a la vez que se es capaz de proyectar hacia dónde se dirige el campo es una obligación para los fabricantes de ideas. Si te apasiona tu trabajo, compleméntalo con un aprendizaje regular y con una red de trabajo con otras personas del campo. Reúne y analiza datos y busca oportunidades para integrarlos en tu toma de decisiones.

- **Conoce cómo manejar el dinero.** Sí, dinero. Incluso aunque las finanzas no sean tu punto fuerte, aun así tendrás que seguir aprendiendo sobre ello. Punto. Aprender algunas herramientas básicas en el manejo del dinero, leyendo hojas de cálculo financieras, presupuestos y cosas así, le salvará la vida a tu compañía u organización. Busca ayuda inmediata si no te sientes competente en esa área.

- **No abandones tu trabajo (todavía).** Muchos fabricantes de ideas esperan hasta el último minuto para saltar completamente a bordo de una nueva aventura. En otras palabras, no se lanzan a una nueva oportunidad simplemente porque sea nueva. Reconocen que las ideas llevan un tiempo para desarrollarse y puede que se necesiten meses, si no un año o dos, antes de que se implementen de verdad. Deciden dedicar el doble de tiempo con la intención de colocarse y dejar paso completamente a su pasión. La clave aquí es añadir horas extra y no esperar simplemente al momento adecuado. Además, normalmente hay un montón de recortes económicos en los excesos durante este tiempo con la intención de ahorrar para la temporada de transición. Por romántico que suene dejarlo todo para perseguir un sueño, muchos fabricantes de ideas que lo han hecho bien además lo han planeado bien. Yo desde luego no quiero que esperes para siempre. Creo que la sabiduría descansa en algún lugar entre el riesgo temerario y la búsqueda de la perfección antes del lanzamiento.

- **La conciencia de uno mismo es la clave.** Los fabricantes de ideas tienen la suficiente conciencia de sí mismos para saber lo que hacen realmente bien y lo que no. En áreas donde no son fuertes, los fabricantes de ideas rápidamente buscan a gente que pueda aportar experiencia. Es importante añadir aquí que eso no significa que los fabricantes de ideas no se salgan de su camino y aprendan más de áreas que conocen menos. De hecho, los fabricantes de ideas exitosos tienen en su historial haber aprendido lo suficiente de cosas que les confían a otros para proporcionar una mejor dirección y enzarzarse en una conversación más inteligente. Reunir a un buen equipo reduce en gran manera el riesgo de una aventura.

- **Cada centavo cuenta, así que sigue ahorrando.** A menos que sean ricos e independientes o tengan dinero para malgastar, la mayoría de fabricantes de ideas hacen bien reduciendo gastos al poner en marcha un negocio. He oído (y he vivido personalmente) historias de emprendedores haciendo de todo, desde reciclar los clips de papel que reciben de otros hasta hacer trueques de servicios con autónomos y vendedores para coleccionar cupones. La cuestión es que trabajar para incrementar el resultado final es vital para la supervivencia de una nueva empresa. Esto no es lo mismo que decir que no deberías gastar nada de dinero, sino más bien que es importante minimizar los costes cuando sea posible. El coste de implementar un idea sube rápidamente. Sé consciente de cómo gastas tu dinero.

Eliminar o minimizar los riesgos innecesarios simplemente es inteligente. Se necesita un montón de autocontrol para administrar bien los recursos limitados. Todo se reduce a lo mucho que quieras implementar tus pasiones.

Buena idea (pensamientos clave de esta sección)	¿Ahora qué? (tus ideas y el siguiente paso de ejecución)
Los fabricantes de ideas no asumen necesariamente más riesgos que los demás; simplemente tienen una gran confianza en su habilidad para perseguir una idea y una gran fuerza de voluntad para hacer el trabajo duro de manejar los riesgos.	
Los datos no garantizan los resultados de una idea, pero sí que proporcionan al fabricante de ideas una increíble ventaja sobre sus competidores.	
No hay excusa para no aprender tanto como puedas acerca de tu área de pasión. De hecho, deberías buscar convertirte en una autoridad en ese campo. Hoy es más posible que nunca en nuestra era digital.	

El milagro de escribir
y esperar

—Tengo una gran idea. El otro día estaba pensando...

—¡Genial! ¿Tienes algo escrito a lo que pueda echar un vistazo? Me gustaría explorarlo un poco más.

—Eh... Sigo trabajando en ello.

—No hay problema. ¿Me lo mandas por correo electrónico cuando puedas?

—Claro. Te puedo mandar algo.

Meses después... todavía sigue esperando.

¿Te suena familiar?

Muchos amantes de ideas son muy rápidos a la hora de compartir sus ideas. Aunque compartir la idea es esencial en el proceso de fabricación, tener en cuenta *cuándo* y *cómo* compartirla es igual de importante. La gente que tiene tendencia a compartir sus ideas inmediatamente, sin ningún sentido de proceso, seguramente tendrán menos probabilidades de llegar a implementarlas. Compartir ideas sin procesarlas puede conducirnos al engaño de pensar que en realidad estamos haciendo algo con la idea cuando de hecho no lo estamos haciendo.

Ahora bien, hay gente que defiende que deberíamos compartir nuestras ideas con el público rápida y abiertamente. La mayoría de estos individuos que yo he visto (no voy a decir nombres) están o más desarrollados en sus pensamientos de lo que parecen o tienen una amplia influencia que les permite implementar rápidamente después de su lanzamiento público. En otras palabras, tienen libertad para hacerlo a causa de su historial de buenas implementaciones.

Como ya mencioné antes en este libro, las ideas necesitan un tiempo para desarrollarse. Una de las maneras más prácticas de desarrollar una idea es escribiéndola, simplemente. Sé que suena elemental, pero en realidad es una de las cosas más importantes que puedes hacer para llevarla a cabo. Aquí te digo cómo ayuda:

- **Escribir te obliga a articular tu concepto.** ¿Alguna vez has visto la mirada de pura confusión o desinterés en la cara de alguien a quien estás tratando de explicar una idea? Una de las causas principales de esta desconexión se puede rastrear hasta nuestra falta de claridad alrededor de una idea (¡incluso cuando es nuestra!).

- **Escribir puede perfilar tu idea ayudándote a ver tanto sus fortalezas como sus debilidades.** Proporciona un lienzo sobre el que puedes corregir e incluso seguir la evolución de un pensamiento. A menudo abrirá más opciones y caminos que considerar.

- **Escribir tu concepto crea un punto de referencia para conversar sobre tu idea con los demás.** Además, te permite conversar contigo mismo proporcionándote la perspectiva de una tercera persona imaginaria.

- **Escribir tu idea la hace más compartible.** Puedes mandar tu documento a los demás sin tener que estar siempre presente. Puede crear sus propias oportunidades.

Jack Dorsey, cofundador de Twitter y director ejecutivo de Square, ve su rol como el de un editor de ideas y equipos. Le he escuchado hablar en unas cuantas ocasiones en las que ha enfatizado la importancia de revisitar las ideas y de corregirlas continuamente para obtener un mejor producto y una mejor compañía.[1]

Las ideas necesitan una corrección continua, y eso no es posible si no las escribimos. Es extremadamente difícil, si acaso imposible, mantener a largo plazo una idea puramente verbal cultivada sin ninguna

---

[1] Acerca de las ideas de Jack Dorsey sobre la edición, ve www.PSFK.com/2011/06/twitters-jack-dorseyon-ceo-as-editor.html#ixzz1SbXR05qX.

clase de documentación. Los fabricantes de ideas serios escriben las cosas con regularidad. De hecho, muchos de ellos las escriben antes de hablar para que puedan comunicar con más claridad la verdadera esencia de sus ideas.

Creo que todos conocemos a gente que habla un montón de nuevas ideas. Hablan, hablan, hablan y después hablan un poco más. Por desgracia, muchas de sus ideas nunca verán la luz del sol. Trágicamente, con cada nueva idea de la que hablan, pierden credibilidad frente a los que experimentan cansancio con cada nueva gran idea. ¿Puedes ver cómo entornan los ojos?

¿Tienes una buena idea? Asegúrate de tomarte el tiempo necesario para escribirla antes de compartirla. Queremos ser un apoyo para tu idea, pero necesitamos saber si sabes lo que estás pidiendo.

Buena idea (pensamientos clave de esta sección)	¿Ahora qué? (tus ideas y el siguiente paso de ejecución)
La gente que tiene tendencia a compartir sus ideas inmediatamente, sin ningún sentido de proceso, seguramente tendrán menos probabilidades de llegar a implementarlas.	
Una de las maneras más prácticas de desarrollar una idea es escribiéndola, simplemente.	
Escribir puede perfilar tu idea ayudándote a ver tanto sus fortalezas como sus debilidades. ¡Hazlo!	

CAPÍTULO

24

Piensa de forma múltiple, no perfecta

¡Tengo la receta perfecta!
Hace unos años me topé con un video de una conferencia de TED[11] del conocido escritor y orador Malcolm Gladwell que hablaba de la salsa de espaguetis. Sinceramente, el título me enganchó tanto como para verlo (junto con el hecho de que me gusta casi todo lo que Malcolm Gladwell tiene que decir). No sabía yo que ese video cambiaría radicalmente mi forma de pensar en la resolución de problemas.

Malcolm Gladwell compartió la historia de Howard Moskowitz, brillante asesor de algunas de las marcas más grandes del mundo. Allá por los años setenta, Pepsi-Cola recurrió a Moskowitz buscando su ayuda para encontrar la Pepsi Light perfecta. Como cabría esperar, Moskowitz facilitó múltiples grupos de sabores con la esperanza de encontrar la concentración y combinación de ingredientes para Pepsi

---

[1] TED es una conferencia que reúne a gente de tres mundos diferentes: tecnología, entretenimiento y diseño. En los últimos años su alcance se ha ampliado con una presencia global cada vez mayor. Puedes ver los videos de sus charlas en www.TED.com. Para la conferencia mencionada aquí, ver «On Spaghetti Sauce – Malcolm Gladwell», grabada en febrero de 2004, en Monterey, California, EE. UU., http://ed.ted.com/lessons/malcolm-gladwell-on-spaghetti-sauce.

Light más popular. La mayoría de las compañías alimentarias de la época simplemente tomaban la reacción más popular en los test de sabores para producir sus productos. Por desgracia para Moskowitz, los datos no devolvieron una curva de distribución normal en la opinión. Más bien, revelaron que no había preferencias dominantes en los grupos de sabores.

Mucha otra gente en la industria de la alimentación de aquella época habría tomado un conjunto de datos como ese y habría procedido a fabricar una conjetura de lo que sería lo mejor. Moskowitz no era un asesor común. No se sentía satisfecho intelectualmente con aquellos datos inusuales. Continuó luchando con este dilema durante unos años hasta que un día, mientras estaba sentado en una cafetería haciendo un trabajo para Nescafé, la respuesta le golpeó como un rayo. Se dio cuenta de que había estado haciendo la pregunta equivocada. En vez de preguntar: «¿Cuál es la Pepsi Light perfecta?», tendría que haber preguntado: «¿Cuáles son las Pepsis Light perfectas?».

Moskowitz se dio cuenta de que mirar el ideal platónico para una receta de Pepsi Light era un enfoque equivocado. En vez de eso, debería haber buscado grupos en los datos para identificar las recetas perfectas para Pepsi Light. Moskowitz comenzó a compartir su nueva idea en sus conferencias mientras viajaba por todo el país. Por desgracia, poca gente comprendía de lo que estaba hablando. Sin embargo, Moskowitz continuó propagando aquella nueva forma de pensar.

Unos años después, sopas Campbell, que hacían las pastas Prego, contrataron a Moskowitz para que les ayudase a encontrar la receta de salsa de espaguetis perfecta. Algunos de ustedes no lo recordarán, pero durante los años setenta y principios de los ochenta solo había una clase de salsa de espaguetis: la normal. Por lo general se creía que la mejor clase de salsa de espaguetis era la que se parecía más a la original (p. ej., la que se hacía en Italia). Por supuesto, Moskowitz no tomó ese enfoque. En vez de eso, se embarcó en una búsqueda para dar con las salsas perfectas para Prego. ¡Moskowitz tenía a cientos de personas probando cuarenta y cinco variedades de salsa de espaguetis!

Los datos obtenidos mostraron que la gente encajaba dentro de alguno de estos tres grupos de sabor:

1. Normal o tradicional
2. Especiado
3. Con extra de trozos

Prego se quedó realmente sorprendido por el tercer grupo identificado. En respuesta, rápidamente crearon una nueva línea de salsa de espaguetis que tenía extra de trozos. Durante los siguientes diez años, la salsa de espaguetis con extra de trozos le hizo ganar a la compañía más de 600 millones de dólares.

Poco después, muchas otras compañías, incluyendo a Ragu (la principal competidora de Prego), contrataron a Moskowitz para que les ayudase a encontrar las recetas perfectas. Muy pronto todos, desde las compañías de mostaza hasta las de café, siguieron el ejemplo. ¿Cuántas versiones de un producto ves ahora en tu tienda de alimentación? Howard Moskowitz nos trajo mucha felicidad a todos los que amamos la comida.

Lecciones de salsa de espaguetis

¿Qué tiene que ver esto con las ideas?

Creo que la gran perspectiva que me he llevado ha sido cambiar mi modo de pensar: de querer encontrar la solución perfecta a una necesidad o problema a buscar múltiples soluciones. En vez de preguntarme: «¿Cuál es el modo perfecto de hacer esto?», he comenzado a preguntarme: «¿Cuáles son los modos perfectos de hacer esto?». Este pequeño (pero trascendental) cambio de pensamiento abrió el camino a muchos modos creativos nuevos de enfocar las ideas.

Como ves, no hay soluciones platónicas ni universales para las ideas. Cada una es única y por eso requiere que pensemos en términos de múltiples caminos y soluciones. Los fabricantes de ideas deberían considerar desarrollar múltiples modos de realizar las tareas en vez de estresarse para encontrar el modo perfecto. De hecho, el camino para hacer realidad tu idea rara vez, si acaso alguna, será el camino que pretendías al principio. La fluidez es un elemento esencial para planear. Esto no niega la planificación; estructura el medio para perfeccionar los planes en el camino.

Por ejemplo, últimamente muchos clientes le han preguntado a nuestra compañía si deberían asignar la mayoría del presupuesto de marketing a las redes sociales, especialmente a la luz de su popularidad.

Mi respuesta: la pregunta está mal. Tienes que pensar en múltiples plataformas y soluciones. Las redes sociales son solo uno de los modos en que la gente puede conectar con tu trabajo, no el único. Puede que sea la receta perfecta para algunos, pero no para todos. Encontrar el modo en que esto encaja en tu plan de marketing global es un modo mucho mejor de verlo.

Del mismo modo, tratar de encontrar la mejor manera de proveer un servicio al cliente para un negocio puede que sea una forma errónea de ver el problema. Piensa en replantear la cuestión para abrirte a un nuevo mundo de posibilidades.

Buena idea (pensamientos clave de esta sección)	¿Ahora qué? (tus ideas y el siguiente paso de ejecución)
Cambia tu forma de pensar: de buscar la solución perfecta a una necesidad o problema a encontrar múltiples soluciones.	
El camino para hacer realidad tu idea rara vez, si acaso alguna, será el camino que pretendías al principio.	

Un poco más lejos

¿Qué respuestas crees que necesitas tener antes de poder comenzar a avanzar con tu idea? Escríbelas. Ahora revisa la lista y tacha todas aquellas que no puedas decir con sinceridad que *debes* saber *al 100% de seguridad*.

Revisa la lista de características de un fabricante de ideas del capítulo 21. ¿Cuáles te describen?

¿Qué datos te ayudarían a obtener una ventaja en tu campo? Haz una lista de las frases clave que describen esos datos. Haz una búsqueda en Internet de esas frases y ve qué puedes aprender.

Si aún no lo has hecho, toma tiempo ahora para escribir tu idea. Ahora compártela con un amigo de confianza para ver si comprende tu concepto. ¿Es claro y convincente?

¿Qué acción sencilla puedes realizar para empezar a ir hacia tu meta? Hazlo hoy. Díselo a alguien para que esa persona te haga rendir cuentas.

Elementos para la fabricación de ideas 2

Simple

A gua. Agua limpia y potable.
Una de cada ocho personas de nuestro planeta no tiene acceso a agua limpia y potable para beber. Se estima que el agua no potable y la falta de una higiene básica causa el ochenta por ciento de todas las enfermedades y mata a más personas en nuestro mundo que todas las formas de violencia combinadas.

El agua limpia y potable lo cambia todo.

Construir pozos, sistemas de irrigación, letrinas, fuentes para lavarse las manos y sistemas de almacenamiento del agua de lluvia puede cambiar significativamente la vida de una comunidad. Además de reducir significativamente la cantidad de enfermedades que se transmiten por el agua, el agua favorece desde las oportunidades de educación para los niños, que de otro modo se pasarían el día buscando agua, hasta la igualdad de género para las mujeres que ahora tienen posiciones de liderazgo dentro de una aldea al ayudar a dirigir las nuevas fuentes de agua.

Scott Harrison lo vio de primera mano cuando viajó a África como fotógrafo humanitario con la organización de ayuda médica Mercy Ships. Documentó a miles de personas que se habían visto afectadas por el agua no potable. Scott aprendió de expertos en agua que había soluciones viables para la crisis. El problema se podía resolver.

Después de regresar a Estados Unidos, Scott comenzó una organización en Nueva York llamada charity: water. ¿Su misión? Llevar agua limpia y potable a la gente de los países en desarrollo. Comenzó a contar la historia del agua a cualquiera de su alrededor que quisiera escuchar. Scott organizó pases de sus fotografías que contaban la historia, y construyó exhibiciones interactivas de agua en toda la ciudad para que la gente pudiera ver la realidad de la crisis del agua. Él y su equipo comenzaron a vender botellas de agua a 20 dólares: el coste de llevarle agua limpia a alguien en el extranjero. Estas ideas creativas rápidamente ganaron el apoyo de donantes individuales, marcas principales y medios de comunicación.

En los primeros cinco años de su existencia, charity: water, con la ayuda de más de 200,000 donantes en todo el mundo, han recogido más de 40 millones de dólares para poner en marcha la organización, lanzar campañas educativas y financiar proyectos de agua. Hasta la fecha, charity: water ha financiado casi 4,000 proyectos de agua, proveyendo de acceso a agua limpia y potable a más de dos millones de personas en deicinueve países.

Scott y su equipo han trabajado increíblemente duro para comunicar con claridad su mensaje y ofrecer pequeñas dosis de modos de ayudar a cualquiera interesado en involucrarse. Su marca y su marketing reflejan algo que parece salido de Madison Avenue. ¿Puede una organización sin ánimo de lucro tener una marca tan fuerte? ¡Por supuesto que sí!

En una conversación reciente con Scott, le pregunté cómo charity: water mantenía su mensaje tan claro y simple. Me dijo que su equipo siente una inclinación natural hacia la simplicidad. Scott pasó a explicarme lo que quería decir con eso. Dijo que la mayoría de la gente de su equipo buscaba de forma natural modos de simplificar una idea. Aun así, para hacer las cosas sencillas, uno debe sentirse cómodo con las complejidades del negocio. Scott cree que hacer las cosas simples requiere abundancia de conocimiento y comprensión.

Ya sea en el área de marketing, en la de estrategia empresarial o la de tecnología, tener una gran amplitud de conocimiento crea la claridad necesaria para producir algo simplemente extraordinario.

En lo que conozco a Scott, ha sido un aprendiz consumado. Se aprovecha del conocimiento de los demás por medio de relaciones intencionadas que le ayudan por el camino en áreas específicas de necesidad. No es de extrañar que su organización continúe liderando en la innovación creativa por el bien humano.

Muchas de las ideas memorables de nuestro mundo fueron el resultado de gente bien informada trabajando duro en pos de la simplicidad. Simplificar una idea quitándole las extensiones conceptuales innecesarias es una habilidad que cualquier fabricante de ideas debe alimentar. No estoy diciendo que las ideas no deban ser complejas. Más bien, la simplicidad es una virtud que permite que los conceptos complejos sean comunicados con claridad y fácilmente entendibles. Puede que sea el factor determinante a la hora de que alguien se sume y apoye tu idea.

Los buenos fabricantes de ideas creen en modificar regularmente las ideas hacia su núcleo esencial. Reconocen que quitar una característica a veces es más importante que añadirle una. Identificar el núcleo de una idea también abre paso a oportunidades creativas para que otras personas adapten el concepto para una mayor eficacia. Las ideas simples como Twitter o PayPal han facilitado la creación y el crecimiento de numerosas compañías y organizaciones.

Simplificar una idea es un trabajo duro... y es esencial para crear calidad y asegurar la capacidad de expansión. Aquí tienes algunas preguntas que te ayudarán a mantener simples tus ideas:

- ¿Cuál es el concepto central sobre el que se funda mi idea?
- ¿Qué elementos de la idea son esenciales para su lanzamiento y/o éxito?
- ¿Qué distingue esta idea de otras de la misma categoría?
- ¿Puedo modificar la idea?
- ¿La nueva característica que se ha introducido ayuda o daña el concepto?
- ¿Es la idea lo suficientemente clara y digerible para que alguien quiera escuchar y elija participar?
- ¿Puedo comunicar concisamente la idea a alguien que no tiene contexto del concepto?

Buena idea (pensamientos clave de esta sección)	¿Ahora qué? (tus ideas y el siguiente paso de ejecución)
Una gran amplitud de conocimiento crea la claridad necesaria para producir algo simplemente extraordinario.	
Muchas de las ideas memorables de nuestro mundo fueron el resultado de gente bien informada trabajando duro en pos de la simplicidad.	
Identificar el núcleo de una idea también abre paso a oportunidades creativas para que otras personas adapten el concepto para una mayor eficacia.	

Calidad, calidad, calidad

«Finge hasta que lo consigas».

En años pasados, los publicistas y comerciantes eran capaces de disfrazar productos de calidad inferior y hacerlos parecer excelentes a ojos del público. Usaban un gran diseño, un mensaje inteligente y un emplazamiento estratégico para atraer a clientes potenciales. La falta de comunicación entre consumidores y de acceso a la información limitaba la capacidad del comprador de dar voz a sus opiniones sobre un producto.

¡Cómo han cambiado los tiempos!

El crecimiento de Internet, con sus opiniones de usuario impulsadas socialmente, ha cambiado las reglas del juego en lo referente a identificar los productos o servicios de calidad. En nuestra cultura interconectada, la respuesta instantánea y pública sobre la experiencia del consumidor se ha convertido en la norma. La gente cuelga pensamientos, imágenes, videos y blogs acerca de un producto o servicio segundos después de experimentarlo. De hecho, mucha gente hará una búsqueda —comparando precios, reseñas y opiniones— antes de probar siquiera tu nueva oferta.

La calidad importa.

Estés vendiendo productos o servicios, vivimos en una época en la que ya no se puede falsear la calidad. La buena noticia si tu compañía se centra en la calidad es que tu historia se contará. La gente compartirá públicamente sus experiencias positivas con tu marca y contarán tu historia. A menudo esto conduce a la fidelización de la marca y a la repetición de la venta.

La calidad gana.

Como consultor viajo bastante cada mes. Una de las consecuencias naturales de mi vocación es que te vuelves más exigente con la comodidad del viaje y la calidad de los servicios relacionados con la hospitalidad. Siempre estoy dispuesto a pagar un poco más si eso significa que puedo aliviar el desgaste de mi cuerpo. También aprecio a la gente que se toma unos cuantos minutos de más en esforzarse para proveer un mejor servicio. Automáticamente me vuelvo fiel a esas marcas.

Rick Ueno es el director general del hotel Sheraton Chicago. Bajo su liderazgo estos últimos cinco años, el Sheraton Chicago ha mejorado significativamente las tasas de satisfacción de sus empleados y huéspedes, su rentabilidad y su cuota de mercado. También han subido hasta ser uno de los mejores hoteles de convenciones de Sheraton en el país.

Conocí a Rick por medio de un amigo común en un desayuno en el Sheraton. Rick me invitó a hospedarme en el hotel siempre que me encontrase en Chicago por trabajo (lo que era una vez al mes por aquel entonces). Había estado allí para una conferencia algunos años atrás y no recordaba nada especial de mi estancia. Sin embargo, aprecié la invitación y reservé una estancia allí para mi siguiente viaje.

A mi llegada al Sheraton al mes siguiente, me impresionó completamente la calidad del servicio proporcionado por Rick y su equipo. Entré en mi habitación y encontré una nota, escrita a mano por Rick, dándome la bienvenida a su hotel. Además, había preparado a su equipo para que entregaran una cuidada bandeja de aperitivos en la habitación. Más tarde, Rick continuó con una llamada de teléfono para asegurarse de que todo fuera bien en mi estancia. Me tenían. Me habían convencido. Su precio era justo y el servicio, superior.

Desde entonces he regresado muchas veces al Sheraton. Las habitaciones del hotel son geniales, y los esfuerzos coordinados del equipo son como mínimo de cinco estrellas. En los últimos meses en los que he regresado, he comenzado a tener algunas grandes conversaciones con Rick acerca de cómo él está creando una cultura de trabajo que continúa aumentando el nivel de calidad. Gentilmente me ofreció los siguientes principios para desarrollar una cultura que valore la alta calidad:

- **La calidad necesita el compromiso de experimentar y aprender.** Rick y su equipo están continuamente experimentando y probando nuevas ideas. Ya sea rediseñando el vestíbulo, perfeccionando el proceso de *check-in* o reideando la producción de eventos, Rick ha creado un espacio para que su equipo sea creativo. Alimenta esta cultura de experimentación proveyendo oportunidades continuas para que su equipo siga aprendiendo por medio de libros, formación profesional y charlas en grupo. A Rick se le reconoce habitualmente en su industria como un líder innovador en la gestión de hoteles.

- **La calidad abarca la responsabilidad.** Delegar tareas de arriba abajo es ineficaz en opinión de Rick. Él cree que es necesario crear un sistema extremadamente responsable de controles y balances para garantizar la calidad. A Rick no le convence la microgestión al estilo gran hermano, pero está totalmente comprometido a asegurarse de que todo el mundo es fiel a su palabra y sigue adelante. Gran parte de sus reuniones están orientadas a la acción y requieren la participación de todo el equipo para informar de los elementos de seguimiento de la reunión anterior. Rick espera que la gente haga su trabajo y no siente la necesidad de ser desagradable o irrespetuoso a la hora de pedir cuentas. Tampoco es tímido para enfrentarse a nadie, sin tomarse las cosas de forma personal, ni frenarse en afirmar el trabajo de su equipo. Ha desarrollado un sistema de seguimiento por medio del calendario y los recordatorios de tareas de su teléfono que le permite mantenerse informado. Rick compartió que trabajar duro en un proceso de mini progresos, sistemas de autocontrol y continuas actualizaciones en equipo ha hecho la vida más sencilla para todos los implicados.

- **La calidad es el resultado de un esfuerzo común.** Rick rara vez hace algo por sí solo. Él cree en el trabajo en comités porque permite a la gente participar y crear nuevas oportunidades de aprendizaje. El enfoque de Rick de autorizar a los equipos en vez de controlar sus decisiones ha dado a luz ideas nuevas y un grupo de individuos apasionados por hacer las cosas bien.

- **La calidad del trabajo se fortalece por la calidad de la vida fuera del trabajo.** El equipo de Rick trabaja duro... muy duro. Pero no se trata solo de trabajar duro. Rick reconoce que una vida saludable fuera del trabajo es esencial para la productividad en la oficina. A menudo anima a su equipo a desarrollar una vida agradable fuera del trabajo. El trabajo no lo es todo para Rick. Él trabaja duro para modelar este valor en la forma en que abraza la vida en su conjunto. Normalmente Rick tiene una gran sonrisa en la cara cuando trabaja en el sitio al igual que cuando es hora de irse a casa.

La gente como Rick me recuerda que trabajar la calidad no tiene que ser agotador. Es un proceso en el que se puede disfrutar. Trabajar en algo que te apasiona debería ser un acto de amor. Según continúes centrándote en desarrollar la calidad, no te olvides de disfrutar del viaje.

Aquí tienes algunos pensamientos y preguntas adicionales que me ayudan a centrarme en la calidad cuando trabajo en las ideas:

- **Sé sincero con el progreso.** No sirve de nada ser deshonesto en lo bien que se está desarrollando una idea cuando la gente lo pregunta. Ser franco con los desafíos permite que los demás te ayuden a desarrollar tu idea. Además, evitará que hagas promesas por encima de tus posibilidades y que crees expectativas irrealistas.

- **¿Quién determina qué calidad tiene?** ¿Hay un estándar de medida? ¿Cómo determinarás tus medidas de calidad?

- **¿Cuáles son las áreas innegociables para la calidad?** Recuerda, el objetivo no es tener el producto o el servicio perfecto. De hecho, todas las grandes ideas son obras en curso. Sin embargo, deberías tener bien claro cuáles son los elementos fundamentales de tu idea que deben estar en su sitio para que la idea prospere.

- **Busca voces de fuera.** Como en muchas otras áreas del desarrollo de una idea, invitar puntos de vista de los de fuera del proyecto en varios momentos clave puede ayudar mucho. No quiere decir que debas escuchar cualquier nueva perspectiva, pero algunos momentos clave de opinión pueden ayudarte a evaluar cómo estás progresando. Mantén los objetivos de tu proyecto en mente siempre que pidas una opinión de la calidad. Algunos comentarios pueden parecer geniales, pero tal vez sean irrelevantes para los objetivos de tu proyecto.

Buena idea (pensamientos clave de esta sección)	¿Ahora qué? (tus ideas y el siguiente paso de ejecución)
La calidad necesita el compromiso de experimentar y aprender.	_____ _____ _____
Una vida saludable fuera del trabajo es esencial para la productividad en la oficina.	_____ _____ _____
Trabajar en algo que te apasiona debería ser un acto de amor.	_____ _____

27

La palabra prohibida

— ¡E s una idea impresionante!
—¡Gracias!
—¿Cómo piensas financiarla?
—Bueno... Espero... Creo que mis amigos me ayudarán...

Esta es una conversación demasiado común que he tenido con numerosos fundadores de empresas o de nuevas aventuras. Muchos amantes de ideas pasan la mayor parte del tiempo pensando en los elementos creativos de una idea en vez de desarrollar un plan de negocios para la implementación que incluya un plan estratégico para financiar la empresa.

Comprendo bien por qué pasa esto. Normalmente es mucho más energizante e interesante pensar en el desarrollo creativo de una idea que en su financiación. Por desgracia, las ideas no pueden sobrevivir solo de creatividad. Normalmente necesitan el respaldo del dinero contante y sonante. Que yo sepa, las ideas solas no pueden pagar las facturas. Más tarde o más temprano, los fabricantes de ideas tendrán que enfrentarse a cómo planean financiar una idea.

Siempre me siento como un aguafiestas cuando saco este tema... pero siempre prefiero estropear la fiesta al principio en vez de esperar a que empiece y luego sea peor.

En muchos casos la conversación acerca de la financiación implicará buscar fuera fuentes de inversión o de apoyo. Aunque estoy totalmente de acuerdo en que la autofinanciación y el no tener que buscar fondos externos puede ser la mejor opción, habrá momentos en la vida de una compañía u organización en los que se necesite la integración de ayuda económica exterior. En esos momentos es vital tener un buen enfoque para atraer fondos potenciales.

Por ejemplo, la financiación tiene poco que ver con conseguir simplemente dinero para un proyecto. Tiene mucho más que ver con la relación y la colaboración de lo que muchos pensarían. Pedir financiación es, esencialmente, invitar a alguien a que te acompañe en una empresa en un nivel muy tangible. De hecho, el intercambio de dinero solo es una parte de la transacción. El objetivo de la financiación no es la transacción monetaria, sino los beneficios mutuos en una creciente relación. Si se gestiona bien, esa relación continuará cosechando frutos en múltiples niveles. Los fondos son solo una de las consecuencias de la relación.

Cuando se trata de financiar una idea, el primer nombre que se me viene a la cabeza es el de mi buen amigo Keith Kall.

Keith es el director principal de relaciones corporativas en Visión Mundial, una de las organizaciones sin ánimo de lucro más grandes del mundo. Pasa la mayor parte del tiempo construyendo alianzas y asociaciones de capital conjunto con compañías de Fortune 1000 a fin de mejorar la salud, las oportunidades económicas y la calidad de vida en general de las familias y comunidades más empobrecidas de África, Asia y Latinoamérica. Antes de unirse a Visión Mundial, Keith ayudó con éxito a numerosas compañías a expandir sus contactos, carteras de clientes y campañas desarrollando redes basadas en las relaciones que facilitaban oportunidades de beneficio mutuo para inversores y grupos en busca de colaboración. No hay que sorprenderse de que a menudo recurra a él para adquirir perspectiva sobre esta área.

Durante una de nuestras muchas reuniones de comida, le pedí que articulase algunos de los principios que guían su pensamiento cuando se reúne con inversores potenciales. Aquí tienes una sinopsis de la visión de Keith:

- **La información es la clave.** Haz tus tareas. Vivimos en un mundo donde tenemos acceso instantáneo a una aparentemente infinita cantidad de información. Antes de acceder a una reunión con un inversor potencial, haz siempre tus tareas. Comprométete a estar bien informado de las pasiones e intereses de la persona o compañía con la que quieres asociarte. Deberías tener una visión clara de por qué y cómo debería funcionar la colaboración. Ya elijas hacer búsquedas en Internet o hablar con gente que haya conectado antes que tú con la persona o las personas con las que te vas a reunir, la clave es que llegues a la reunión con una profunda seguridad del trabajo de esa persona.

- **Haz un montón de preguntas y escucha bien.** Puesto que el objetivo es el beneficio mutuo a través de una relación de colaboración, ve la reunión como una oportunidad de entrevistar al socio potencial de tu empresa. En otras palabras, no estás ahí solo para lanzar una idea con la esperanza de recibir fondos. El objetivo no es una transacción, sino una relación. Todo se trata de la relación. Estás ahí para encontrar a la persona adecuada con la que trabajar en tu idea. No seas tímido a la hora de hacer preguntas y de tomar muchas notas. Céntrate en escuchar proactivamente haciendo preguntas de seguimiento que proporcionen claridad en cuanto a una posible alianza. Si has hecho tus tareas, deberías tener preparada una lista de preguntas para ese encuentro, y cada cuestión debería acercarte o alejarte de una alianza potencial.

- **Piensa en los intereses de la otra parte y ofrece ayuda.** Si estás buscando construir una relación duradera, la interacción no puede ser unilateral. No puede consistir en intentar convencer al otro extremo de la mesa para que te ayude. Más bien, míralo como una oportunidad de levantarte y sentarte en su mismo lado de la mesa. Hacer una simple pregunta como esta: «¿Cómo puedo ayudarte en tu iniciativa?» puede cambiar la dinámica relacional de un encuentro. A menudo abrirá la puerta a un mundo de oportunidades creativas y a una posterior colaboración.

- **Identifica, articula y junta intereses.** Ambas partes involucradas deberían dejar la reunión sintiendo que han encontrado un beneficio mutuo y una relación duradera. Esto requiere que nosotros identifiquemos y articulemos las áreas en las que nuestros intereses pueden coincidir con los de la otra parte. Comunicarse verbalmente durante la reunión y a continuación seguir haciéndolo de forma escrita puede traer dirección y claridad.

- **No intentes siempre cerrar el trato en la primera cita.** Las relaciones necesitan un tiempo para desarrollarse. No hay necesidad de precipitarse al acuerdo en la primera reunión. De hecho, permítete no perseguir el acuerdo mucho más allá si sientes que no es el momento. Recuerda, el dinero no puede ser el único criterio para una alianza. Debería ser como en un cortejo. Tómate un tiempo, sigue su ritmo y espera a una profunda sensación de paz acerca de trabajar juntos. Esto traerá muchos más beneficios a largo plazo. Sin embargo, si es amor a primera vista, ¡lánzate!

La financiación es un gran camino para desarrollar relaciones duraderas. Lleva mucho peso porque es esencial para hacer cobrar vida a una idea. Es una auténtica invitación para un viaje íntimo. Nunca lo tomes a la ligera. Además, tomar tiempo para desarrollar un enfoque para la financiación te ayudará más adelante a expandir tu idea.

Construye una estrategia que cree múltiples accesos para que la gente se involucre y desarrolle un fuerte sentimiento de identificación o de pertenencia con la marca. La financiación es sin duda una gran vía para la participación. Puede ser la diferencia entre una bonita idea y una idea que se hace realidad.

Buena idea (pensamientos clave de esta sección)	¿Ahora qué? (tus ideas y el siguiente paso de ejecución)
Las ideas solas no pueden pagar las facturas. Más tarde o más temprano los fabricantes de ideas tendrán que enfrentarse a cómo planean financiar una idea.	
Pedir financiación es, esencialmente, invitar a alguien a que te acompañe en una empresa en un nivel muy tangible.	
No hay necesidad de precipitarse al acuerdo en la primera reunión. Tómate un tiempo y espera a una profunda sensación de paz acerca de trabajar juntos.	

28

Bajo presión

Me encanta Nueva York.
Aunque he vivido la mayor parte de mi vida en el sur de California, siempre ha habido un lugar en mi corazón para la ciudad a la que primero emigré. Está llena de energía, vitalidad y una tenacidad sin parangón para aguantar los grandes desafíos de la vida. Es la ciudad que más me gusta visitar de todas. Me encanta dar un paseo por Manhattan, admirar la diversidad de personas, gustos y estilos. El ajetreo y el bullicio de la ciudad me recuerdan que el mundo siempre está avanzando. Casi puedes ver un destello del futuro en una ciudad como Nueva York.

Frank Sinatra tenía razón. Es la ciudad que nunca duerme. Siempre está trabajando, jugando y soñando con un mañana mejor.

No es raro que siempre me lance a la mayoría de oportunidades de trabajar con clientes en Nueva York. A menudo salgo inspirado por clientes que hacen mucho con tanto en juego en medio de tantas expectativas. La realidad es que no puedes fingir en Nueva York. La olla a presión del entorno o te catapultará a la grandeza o te comerá vivo.

Durante un reciente viaje de negocios a Nueva York, mi compañero y yo tuvimos el privilegio de acompañar y entrevistar a Soledad O'Brien durante un día mientras trabajábamos en un proyecto para ella. Como muchos saben, Soledad es una de las corresponsales principales de las noticias de la CNN y la líder de muchos de sus mejores documentales sobre Estados Unidos. Y lo que es más impresionante, también es madre de cuatro preciosos niños y está felizmente casada con Brad Raymond. Si hay alguien que comprende la presión que rodea a la fabricación de ideas, esa es Soledad.

Yo estaba pasmado por el número de proyectos, la cantidad de viajes y la presión a tiempo real que rodeaba sus actividades diarias en la CNN. Sin embargo, sentía una gran calma y concentración en la vida de Soledad que la guiaba por lo que parecían ser demandas y expectativas sin fin. Me encontraba profundamente impresionado por su habilidad para pararse a lo largo del día e interactuar con los miembros del equipo, los fans en la red e incluso con extraños en la calle. En cada caso, se encontraba totalmente presente cuando se relacionaba con la gente.

Soledad nos invitó aquella noche a su casa para que pudiéramos conocer a su marido y sus hijos. Me sentí muy animado al ver cómo le prestaba a cada uno de sus hijos toda la atención mientras hablaba con ellos. Había muchas risas y una gran sensación de alegría en aquel hogar. Podía ver en las caras de sus hijos que sabían que su mamá era accesible y comprometida. Me sentí animado en ese momento a desarrollar un entorno similar en mi propia casa. ¡Qué gran modelo de trabajo y de familia!

En una reciente llamada de teléfono, le pregunté cómo trabajaba tan bien bajo presión: algo que muchos fabricantes de ideas tendrán que aprender. Soledad no dudó y respondió instintivamente: «No es tan difícil». Continuó compartiendo los cuatro siguientes principios que la ayudan a llevar una vida sana y agradable en medio de la presión:

- **Vuelve a los principios que guían tu vida.** Son los principios, tanto personales como profesionales, que establecen un fundamento para la toma de decisiones diaria. Por ejemplo, como corresponsal Soledad se rige por el principio de que uno nunca debe tender una emboscada a la persona o personas a las que está entrevistando. Soledad se enorgullece de hacerlo lo mejor posible al investigar y desarrollar preguntas relevantes para sus entrevistas. Este principio la mantiene alejada de distraerse por la tentación de arrinconar a alguien o de presionar en áreas que no son apropiadas ni están relacionadas con su historia.

Otro principio vital para Soledad es que uno debe disfrutar del proceso y el viaje de la vida incluso más que del destino. Sin duda puedes verlo en cómo interacciona con la gente y su rara habilidad para pararse y disfrutar de la presencia de los demás. Está claro que la gente tiene prioridad sobre los proyectos y el propósito sobre el placer momentáneo.

- **Separa lo que realmente importa.** Soledad se compromete a asegurarse de que persigue solamente aquellas oportunidades que encajan con el camino que quiere tomar en la vida. Trabajar en cosas que son significativas, aunque sea más difícil, es mucho mejor que conformarse con lo cómodo y familiar. Al final del día, ella es una firme creyente de que debemos trabajar en cosas que realmente importan.

- **Usa recordatorios visuales para dar un paso atrás y verlo todo más claro.** Soledad compartió conmigo su dependencia de los recordatorios visuales para su trabajo. Por ejemplo, mencionó lo práctico que es tener un calendario, tanto impreso como digital, que proporcione una visión general de todos sus proyectos. Dar un paso atrás de vez en cuando para ver físicamente el calendario le da una mejor idea de lo que se necesita para cumplir las expectativas. Soledad cree que una ayuda visual del proceso y el progreso es esencial para asegurarse de que se hacen las cosas.

- **Esquiva tus debilidades y reúne a un gran equipo.** Soledad es una persona con una gran conciencia de sí misma. Será la primera en decirte en qué cosas es buena y en qué áreas necesita ayuda. Soledad cree que inventarse las cosas para llenar el vacío de la experiencia con el tiempo será contraproducente. Tomarse el tiempo de desarrollar un equipo alrededor de las debilidades de cada uno es una obligación para los fabricantes de ideas. El trabajo en equipo es clave para que las grandes ideas cobren vida.

No hay duda de que las demandas y los plazos de nuestras búsquedas vocacionales a menudo pueden ser un poco abrumadores. Lo cierto es que esa presión nunca se irá. Sin embargo, como bien ejemplifica Soledad, la presión no tiene que reprimir o sofocar nuestros sueños.

Además de los puntos de vista de Soledad, los siguientes principios y enfoques para trabajar bajo presión también son útiles:

- **Comienza y no discutas.** Solía pasar demasiado tiempo discutiendo conmigo mismo acerca de si podría cumplir con las expectativas y/o los tiempos límite de un proyecto. La complejidad de los proyectos que tenía por delante me solían causar parálisis mental (y a veces física). Pronto me di cuenta de que esta batalla interna solo me hacía perder tiempo. Decidí lanzarme simplemente, incluso sin toda la información o la estrategia. He descubierto que la clave para hacer las cosas comienza con un simple acto hacia el objetivo. ¿Arriesgado? Posiblemente. ¿Productivo? Sin duda. Suena muy elemental, pero hacer algo es mejor que no hacer nada.

- **Establece pequeños progresos o tiempos límite.** Desglosar los tiempos límite de gran envergadura en hitos más pequeños y manejables realmente puede ayudarte a avanzar. Sí, es prácticamente imposible determinar todos los pequeños progresos al comienzo de un proyecto, pero aun así moverte en esta dirección te dará un impulso y una esperanza importantes. Los programas de *software* de gestión de proyectos ayudan mucho también, si tienes ganas de utilizarlos. (*Una pista:* probablemente necesites encontrar algún programa o sistema que te ayude a mantener el rumbo. Merece la pena el tiempo y el esfuerzo.) Tomarte tiempo al comienzo para planificar tus progresos puede mantenerte cuerdo, ahorrarte tiempo a largo plazo y ayudarte a formular un buen ritmo de trabajo.

- **Apártate de las redes sociales y de los correos electrónicos cuando sea posible.** Aunque soy un firme creyente en el poder y la utilidad de las redes sociales y el correo electrónico, también reconozco que puede ser uno de los grandes elementos disuasorios para que se hagan las cosas. Bloquear unas cuantas horas para trabajar en un proyecto sin acceso a esas herramientas a menudo producirá algunos de tus mejores resultados. Si necesitas contestar correos, establece un tiempo específico y trabaja dentro de esos parámetros. Me he dado cuenta de que establecer tiempos específicos para los correos electrónicos en realidad me ha permitido responder a más correos, porque he aprendido a trabajar mejor en pequeños segmentos de tiempo con tareas específicas.

- **Encuentra tu ritmo de trabajo.** Reconocer cuándo estás más creativo o despierto puede incrementar realmente tu productividad. Por ejemplo, si estás más concentrado y productivo por la mañana, planea lo grueso del trabajo creativo en ese tiempo. No planees algo que no vaya a hacer el mejor uso de tu ritmo de trabajo. En otras palabras, las mañanas, en este supuesto, no serán el mejor momento para responder correos o asistir a la reunión de actualización del proyecto. El capítulo 16 está dedicado a este principio.

- **Haz ejercicio y come bien.** Numerosos estudios han demostrado la correlación entre la salud física y la capacidad de trabajar bajo presión. (Vaya, lo sé.) No digo que tengas que convertirte en el rey del gimnasio para ser productivo. Puede ser tan sencillo como ir a dar un pequeño paseo de diez minutos después de comer para hacer que tu sangre fluya de nuevo o elegir una opción de menú más saludable en el almuerzo. Estar sano puede marcar la diferencia en gran manera.

Buena idea (pensamientos clave de esta sección)	¿Ahora qué? (tus ideas y el siguiente paso de ejecución)
La presión nunca se irá, pero no tiene por qué reprimir o sofocar nuestros sueños o las relaciones que más nos importan.	_____ _____ _____
Inventarse las cosas para llenar el vacío de la experiencia con el tiempo será contraproducente. Tomarse el tiempo de desarrollar un equipo alrededor de las debilidades de cada uno es una obligación para los fabricantes de ideas.	_____ _____ _____
La clave para hacer las cosas comienza con un simple acto hacia el objetivo. Hacer algo es mejor que no hacer nada.	_____ _____

Lidiando con los reveses

S í, la mayoría de fabricantes de ideas experimentarán reveses.

Ya se deban a nuestra falta de habilidad para planear adecuadamente o simplemente por sucesos de la vida fuera de nuestro control, las circunstancias imprevistas se convertirán en una realidad constante para los fabricantes de ideas. Lo único predecible en esta vida quizá sea que es impredecible.

Una vez que lleguemos a comprender que los contratiempos son parte del proceso de fabricación de ideas, creo que estaremos mejor preparados para lidiar con ellos.

Cambiando el mundo a través de los zapatos

En 2006 Blake Mycoskie viajaba por Argentina cuando se topó con niños pobres que no podían permitirse zapatos. Blake pronto descubrió que las enfermedades que se transmiten por el barro, que pueden penetrar en la piel por los pies descalzos, estaban entre las más extendidas en los países en desarrollo. Además de proveer protección física, los zapatos también proporcionan a los niños la capacidad de asistir a la escuela, porque muchas escuelas requieren zapatos como parte de su uniforme.

Blake regresó a Estados Unidos y reunió a su familia y a sus amigos para que donasen 10,000 pares de zapatos para los niños de Argentina al final de aquel año. También decidió comenzar una compañía llamada TOMS.[1] El modelo de negocio de TOMS es sencillo: por cada par de zapatos que se venden, TOMS da otro par a un niño en necesidad.

En su breve existencia, TOMS ha entregado más de un millón de zapatos en una veintena de países. TOMS se vende en cientos de tiendas por todo el país, y la compañía continúa expandiéndose. Ha aparecido en numerosos medios de comunicación, blogs y anuncios, incluyendo uno de AT&T que propulsó su exposición y aceptación de parte del gran público.

Con esta clase de éxito, muchos supondrían que TOMS lo tiene todo a su favor. Esto es verdad en parte. Blake dirige una gran compañía comprometida con la excelencia en todo lo que hace. Sin embargo, no es inmune a los obstáculos inesperados y a los reveses potenciales. Lo que distingue a TOMS es su habilidad para ocuparse de ello con sinceridad y mejorar cuando llegan los obstáculos.

En una conversación reciente con Blake, le pregunté cómo hacían él y su equipo para continuar mejorando y buscando soluciones para los contratiempos. Blake rápidamente señaló que una compañía es tan fuerte como su eslabón más débil. Cuando TOMS comenzó a expandirse con rapidez, con nuevas oportunidades presentándoseles continuamente, Blake y su equipo se enfrentaron con la realidad de que su producción de zapatos no podía suplir la demanda. Tuvieron que apresurarse a expandir la producción, el servicio al cliente y la infraestructura de distribución. TOMS buscó consejería externa a la vez que aumentaba la plantilla interna. Experiencias como esa también han creado una cultura preventiva en la que siempre están buscando fortalecer las áreas más débiles de su compañía.

Blake también compartió conmigo que había aprendido a no entrar en pánico y a mantener las cosas en perspectiva cuando los contratiempos llegaban. Mencionó que todas las cosas acaban pasando y muchas que parecen grandes en el momento a menudo terminan sin ser un gran problema en unas pocas semanas. Como líder, reconoce que el pánico no ayuda a resolver un problema, ni proporciona dirección a un equipo esperando para avanzar.

---

[1] Para más información sobre TOMS, visita www.TomsShoes.com.

Creo que TOMS continuará teniendo éxito debido a su compromiso de seguir adelante en medio de obstáculos y reveses. Es innegociable. TOMS también ha predeterminado que será una compañía orientada a la acción y basada en las soluciones.

Cuando se lucha con las dificultades inesperadas de la vida, las siguientes ideas serán útiles:

- **Elige el optimismo.** Como mencioné antes, algunas circunstancias estarán fuera de nuestro control. Esto significa que no puedes hacer nada por cambiar el pasado. Sigue adelante. Se tendrá que hacer alguna valoración acerca de lo que no funcionó, pero valora mientras sigues adelante. No importa lo descorazonador que sea el revés, elige el optimismo. El pesimismo solo te paralizará y te deprimirá. Además, asegúrate de rodearte de otros optimistas que sean constructivos y alentadores.

- **Piensa en la oportunidad.** La historia nos cuenta que algunos de los grandes fabricantes de ideas (p. ej., Edison, Lincoln, Disney, Jobs y Gates) tuvieron grandes reveses mientras perseguían sus sueños. Eligieron ver aquellos obstáculos como oportunidades para mejorar sus ideas. Sabían que aquello por lo que trabajaban era demasiado importante para permitir que las contrariedades les desviaran de realizar sus ideas. Cada revés produce nuevas oportunidades. ¿Quién sabe? ¡Ese contratiempo puede ser exactamente lo que necesitas para llevar tu idea al siguiente nivel!

- **Recalibra.** Un revés tan solo es... un revés. Recalibra tu enfoque. Piensa en los obstáculos como desvíos para descubrir un futuro mejor. Si vas a caer por un momento, cae hacia delante. Quizá la nueva perspectiva desde el suelo te dé una visión renovada de tu idea. Respira hondo y vuelve a levantarte. El carácter y la tenacidad que construyes durante estos reveses al final serán grandes fundamentos para una vida de trabajo excelente.

- **No seas demasiado duro contigo mismo.** Aunque siempre habrá cosas que podrías haber hecho mejor, intenta no ser muy duro contigo mismo. ¡Tu vida *no* se ha acabado! Ten presente que muchas ideas necesitan más que la voluntad y la planificación de una sola persona para hacer que funcionen. También implican tiempo, trabajo en equipo y recursos inesperados. Un revés no tiene por qué significar que hayas tenido una mala idea.

Me gusta lo que mi amigo Brad Lomenick me contó hace poco acerca de la presión y los contratiempos. Brad lidera Catalyst, una de las redes de líderes jóvenes más grande del país, y dice:

Si no está en peligro la vida, no es un problema tan grande. Todo va a ir bien. No es para tanto. Relájate. (Sí, eso ha dado en el blanco.)

Las personas como tú, que se comprometen a vivir sus ideas, me inspiran. Como alguien que experimenta estos contratiempos a menudo, quiero animarte a que sigas hacia delante. Tus ideas pueden cambiar el mundo para mejor, ¡así que no abandones!

Buena idea (pensamientos clave de esta sección)	¿Ahora qué? (tus ideas y el siguiente paso de ejecución)
Las circunstancias imprevistas se convertirán en una realidad constante para los fabricantes de ideas. Lo único predecible en esta vida quizá sea que es impredecible.	
Todas las cosas acaban pasando y muchas que parecen grandes en el momento a menudo terminan sin ser un gran problema en unas pocas semanas.	
El pánico no ayuda a resolver un problema, ni proporciona dirección a un equipo esperando para avanzar.	
Cada revés proporciona nuevas oportunidades.	

Redobla el tambor tribal

Un banco de peces.
        Un rebaño de ovejas.
        Una manada de lobos.
Un grupo de hermanos.
Groupon. (Es broma.)

Estamos diseñados para movernos por la vida juntos, como una tribu. Una tribu es un grupo de individuos comprometidos unidos por un propósito, interés o afinidad común que busca viajar juntos para ser más fuertes y tener mayor impacto.

Las tribus pueden determinar preferencias personales, tendencias culturales e incluso cosmovisiones. Ya sea una idea, un producto o una causa, una tribu puede catapultar algo o a alguien a un nuevo nivel de influencia. Una tribu tiene el poder de dictar quién se convierte en una celebridad, conducir las ventas que revienten los récords o incluso conseguir que alguien sea elegido presidente. La lealtad a la marca a menudo es el resultado de las compras y la participación tribal.

Formar y liderar una tribu es uno de los grandes privilegios que una persona puede experimentar. Es casi un honor ser identificado como líder tribal de un movimiento, porque una tribu no es simplemente un grupo de seguidores esporádicos. Es una familia de gente que está dispuesta a salirse de su camino para apoyar lo que eres y lo que haces.

Durante los últimos años he tenido el privilegio de desarrollar y liderar un manojo de comunidades tribales en sus comienzos. Estas tribus se han centrado en diferentes intereses, incluyendo el bien social, el espíritu emprendedor y la fabricación de ideas. La verdad paradójica del liderazgo tribal es que la tribu debe otorgarte ese liderazgo. Necesitas que la tribu reconozca tu credibilidad y tu genuino compromiso hacia el bien mayor de todos los involucrados. No puede ser forzado. El liderazgo a menudo surge en medio del servicio a los demás. Sin embargo, aquí tienes algunos principios prácticos para desarrollar de forma intencionada una saludable tribu alrededor de tu idea:

- **Las tribus necesitan enfoque y claridad.** Liderar una tribu requiere una comunicación clara de por qué existe en primer lugar y qué pone sobre la mesa de forma exclusiva. La falta de claridad dará como resultado una falta de compromiso que al final diluirá cualquier cosa que estés tratando de construir. ¿De qué va tu tribu, y por qué tiene que existir? ¿Por qué me debería importar eso a lo que me estás invitando?

  Sé claro a la hora de comunicar los objetivos y las expectativas de la tribu. El mundo entero no puede ser tu tribu. Debe haber algunas cualidades distintivas que sean reconocidas públicamente y reiteradas regularmente por sus miembros.

- **Las tribus crecen de persona en persona y de historia en historia.** Las relaciones todavía importan. La historia humana es lo que construye una tribu y anula el ruido blanco del *marketing*. Aunque las redes sociales, los medios y el *marketing* pueden ayudar a correr la voz acerca de una tribu, es la venta humana (p. ej., el compartir y encarnar el mensaje de la tribu de una persona a otra) lo que lo hará extraordinario. A la gente se la bombardea con publicidad todo el día. Las historias acerca de tu tribu de aquellos que están dentro de ella a menudo serán una de las mejores vías para el *marketing* de tu producto. En otras palabras, céntrate en cada individuo que se ha preocupado lo suficiente como para creer en ti y en tu trabajo. Tómate el tiempo de dar gracias a tu tribu, de uno en uno si es posible. Celebra y da voz a cada miembro. Invítalos a construir la tribu contigo y encuentra modos prácticos de autorizarlos para hacerlo. De vez en cuando tómate tiempo para escuchar las ideas de los de dentro de la tribu y crea accesos para que se involucren. Nunca subestimes el poder de una voz. Sin importar su tamaño, el poder de la tribu siempre residirá en las relaciones humanas.

- **Las tribus todavía necesitan un buen liderazgo.** Las tribus no se construyen con piloto automático. Muchas de las tribus que han sido eficaces en nuestro mundo han tenido un liderazgo fuerte. Ya sea individual o en equipo, el trabajo de liderar una tribu es simplemente eso: trabajo. Más específicamente, es trabajo intencionado e inteligente. Alguien tiene que pasar tiempo construyendo una tribu. Facilitar el crecimiento y la lealtad requiere construir las relaciones de forma continua.

- **El liderazgo tribal trata más de la facilitación que del control.** Los líderes tribales comprenden que el control no es el objetivo de la comunidad. Más bien, es facilitar un entorno en el cual la comunidad pueda experimentar su misión y propósito. La arquitectura cultural es la clave para desarrollar una tribu dinámica. En vez de centrarse en cómo controlar a los miembros, los líderes tribales se centran en la creación de una cultura en la que la gente que entre pueda sentir de forma natural la personalidad, el espíritu y la misión del grupo. Aquellos que no adopten la cultura tribal se encontrarán desencantados rápidamente y al final lo dejarán. Esto está bien. No entres en pánico. De hecho, es por el bien de aquellos que *sí* están comprometidos. Las tribus necesitan tanto a los que están dentro como a los que están fuera. Si no, no habría ninguna base sobre la que tener un grupo único.

- **Las tribus pueden oler las mentiras a la legua y protegerse.** Una tribu dinámica a menudo creará sus propios sistemas de comprobación y equilibrio. Rápidamente reconocerá a la gente genuina y a aquellos que están fingiendo o que buscan interrumpir el movimiento. A menudo una tribu olerá las mentiras a kilómetros y encontrará el modo de lidiar con ello por sí sola. Aquellos a los que les importe tu tribu se pondrán a la altura de las circunstancias y se esforzarán para mantener el movimiento general centrado en sus valores centrales y en su misión.

Wikipedia es un buen ejemplo. Cuando se cuelga información en una entrada relevante para una tribu, los miembros de esa tribu corren a corregirlo o a informar de ello si es necesario. Los miembros de la tribu cuidan mucho la información que se cuelga y comparte. Los líderes de Wikipedia han creado una cultura que da permiso a los miembros de la tribu para que vigilen la información entrante. Esta clase de responsabilidad interna ha dado como resultado un nivel de precisión en la información que sobrepasa a las enciclopedias tradicionales.

- **Las tribus innovan de forma natural.** Las tribus innovarán por naturaleza, perfeccionando y mejorando constantemente. Ofrecer oportunidades a tu tribu acelerará la creatividad y la implementación. Para hacer realidad esta cultura de innovación, debes confiar en tu tribu. Debes estar dispuesto a moldear el intercambio de ideas y la apertura a la contribución. Además, debe haber evidencias de que el seguimiento y la contribución de la tribu se toman en serio. Sin esa equidad relacional, o terminarás con tu dirección de la tribu o experimentarás un éxodo masivo de personas.

Yo creo que toda buena idea necesita una tribu de personas que crean en ella y que la defiendan. Como verás en la siguiente sección, las buenas ideas no suelen pasar solas.

¿A quién estás liderando, y por qué les debería importar?

Buena idea (pensamientos clave de esta sección)	¿Ahora qué? (tus ideas y el siguiente paso de ejecución)
Las tribus pueden determinar preferencias personales, tendencias culturales e incluso cosmovisiones. Ya sea una idea, un producto o una causa, una tribu puede catapultar algo o a alguien a un nuevo nivel de influencia.	
Sin importar su tamaño, el poder de la tribu siempre residirá en las relaciones humanas.	
Para crear una cultura de innovación, debes confiar en tu tribu y moldear el intercambio de ideas y la apertura a la contribución de los demás.	

Un poco más lejos

- Escribe el concepto central sobre el que se funda tu idea. ¿Qué elementos de tu idea son esenciales para su éxito? ¿Cuáles no? Edita tu idea hasta su mínima expresión.
- Nombra tres cosas que te gusta hacer fuera del trabajo. Si no puedes dar con tres, ¡tienes que conseguirte una vida! Haz una lista de tres cosas que te gustaría intentar el próximo mes.
- ¿Cuál es la medida de calidad de tu idea más importante e innegociable?
- Si estás buscando financiación para tu idea, haz una lista de las fuentes que estés considerando. ¿Hasta qué punto conoces bien a esta gente? ¿Te gustan? ¿Puedes ver un beneficio recíproco al trabajar juntos?
- Piensa en un revés reciente que enfrentaste. ¿Puedes ver las oportunidades que salieron de él?
- ¿A qué tribus perteneces? ¿Qué productos o servicios ha ayudado tu tribu a hacer populares o exitosos?

El trabajo de la colaboración

CAPÍTULO

31

Mitos

Edison inventó la bombilla.

Encender y apagar el ordenador regularmente es malo.

Las abdominales son el mejor modo de conseguir músculos marcados.

El mejor español es el que se habla en España.

Solo usamos el diez por ciento de nuestros cerebros.

Mitos.

Sí, todos estos son mitos (o sea, creencias infundadas ampliamente aceptadas).

Los mitos suenan razonables desde lejos y se los cuestiona pocas veces. Un mito se suele aceptar solamente en base a su popularidad o por la fe ciega de aquel que lo comparte. Muchos mitos son inofensivos y graciosos, pero otros pueden sin duda confundir o construir una visión del mundo falsa.

Creo que hay varios mitos que rodean a la idea de colaboración (entiéndase trabajar en equipo). Se ha convertido en un cliché que lanzar entre la gente que siente que conectar no tiene ningún valor.

Aunque no hay duda de que los individuos, las organizaciones y las compañías de todo el mundo están colaborando ahora más que nunca, también está claro que no todos aquellos que usan ese término se refieren a lo mismo. Algunos lo usan de forma mucho más ligera que otros. Algunos consideran que simplemente permanecer en contacto es colaboración, mientras que otros lo ven como un trabajo codo con codo real.

Toma un momento y mira la palabra de nuevo. *Colaboración* contiene dentro de sí la palabra *labor*, que se define como la acción y efecto de *trabajar*. La colaboración realmente trata de trabajar juntos hacia un objetivo común. Con todo lo romántico que suena, conlleva mucho esfuerzo proactivo e intencionado hacerlo bien.

Ejecutar bien las ideas a menudo requiere que colaboremos con otros. Aunque no es una idea difícil de aceptar, creo que algunos de los siguientes mitos sobre la colaboración se cuelan sutilmente en el desarrollo de asociaciones significativas.

Mito 1: La colaboración surge por sí sola

Esta es la creencia de que el trabajo de colaboración es el resultado de relaciones espontáneas que aúnan esfuerzos en el momento oportuno. Aunque hay algo de verdad en el hecho de que las relaciones afianzan mucho trabajo de colaboración, la realidad es que esas relaciones necesitan una construcción deliberada hacia un objetivo común. La colaboración no surge por sí sola. Requiere iniciación, confianza, claridad direccional, tiempo, comprensión mutua de las expectativas, recursos y un plan a implementar para guiar el proceso. La espontaneidad puede fluir con más libertad cuando se comprende de qué va la colaboración.

Mito 2: La colaboración es algo intuitivo para todos

¡Me encantaría que fuese así! Por desgracia, la colaboración no es algo natural para todo el mundo. Sin unas directrices claras para el acuerdo, muchos se sentirán perdidos o confusos acerca de lo que está permitido y de lo que se considera apropiado. Algunos necesitan tener la sensación de permiso y dirección para interactuar. La colaboración sin directrices es como jugar a un juego sin reglas. Es muy poco probable que sea productivo o incluso agradable.

Mito 3: La colaboración es un acto para aligerar el trabajo

Esta visión dice que la colaboración aligerará la carga de trabajo igual que lo haría la delegación. Por desgracia, normalmente no es el caso.

La colaboración puede reubicar las responsabilidades y las áreas de concentración, pero eso no tiene por qué aligerar necesariamente la carga de trabajo. La belleza de la colaboración es que nos permite concentrar el tiempo y la energía en nuestras fortalezas mientras nos apoyamos más en la especialidad de otros en sus respectivos campos de influencia. Eso no tiene por qué restar a la cantidad de trabajo que se tiene que realizar. De hecho, probablemente conducirá a más horas de trabajo, puesto que nos encontraremos trabajando en áreas que nos apasionan. La buena noticia es que la colaboración a menudo abre la puerta a más oportunidades creativas y a vías para un impacto mayor.

Mito 4: La colaboración es un esfuerzo de talla única

Alguna gente piensa que el proceso de colaboración es el mismo en todos los contextos y que por lo tanto es algo a lo que puedes sumarte cuando tengas confianza en la asociación potencial. Esto no puede estar más lejos de la realidad. Cada oportunidad de colaboración llevará su propio ramillete de características únicas que deberían considerarse con precaución. Por ejemplo, el modo en que colaboramos entre individuos puede ser bastante diferente de cómo lo hacen las organizaciones. La colaboración interdepartamental puede conllevar una serie de matices diferentes de la interconexión entre empresas. Tendrán que haber valores fundamentales que dirijan la colaboración, pero permanece flexible siempre a cómo planeas implementar tu visión.

Mito 5: La colaboración trata de encontrar las herramientas tecnológicas adecuadas

Esta perspectiva promueve la idea de que en nuestra era digital la tecnología es el principal vehículo por medio del cual los individuos o los grupos pueden colaborar. Aunque soy un gran fan de la tecnología, mucho del trabajo de colaboración requiere una importante inversión de recursos y tiempo más allá de lo tecnológico, incluyendo reuniones en persona. Encontrar la tecnología adecuada, simplemente, no es suficiente. Sinceramente, mucha gente ha encontrado las mejores herramientas pero no se aferran a ellas para que los asistan en su trabajo. La tecnología desde luego que puede complementar los proyectos de colaboración, pero por sí misma es insuficiente para proporcionar todo lo que se necesita para trabajar de forma productiva con los demás. La colaboración tiene que ser una empresa tanto dentro como fuera de Internet.

■ ■ ■

Estos mitos pueden distraernos de la inmensa energía, inspiración y productividad que nos espera cuando colaboramos bien con los demás. Desarrollar vías claras en medio del caos de estos errores nos permitirá seguir avanzando por el carril de la ejecución. La colaboración es una necesidad para muchas ideas. Tenemos que averiguar cómo hacerlo bien.

Buena idea (pensamientos clave de esta sección)	¿Ahora qué? (tus ideas y el siguiente paso de ejecución)
Ejecutar bien las ideas a menudo requiere que colaboremos con otros.	
La colaboración no surge por sí sola. Requiere iniciación, confianza, claridad direccional, tiempo, comprensión mutua de las expectativas, recursos y un plan a implementar para guiar el proceso.	
La colaboración sin directrices es como jugar a un juego sin reglas. Es muy poco probable que sea productivo o incluso agradable.	
La colaboración puede reubicar las responsabilidades y las áreas de concentración, pero eso no tiene por qué aligerar necesariamente la carga de trabajo.	

CAPÍTULO

32

Humano

El factor X

La colaboración es tanto un misterio como un milagro.
Viene en cualquier forma, tamaño y textura. La colaboración es tan impredecible como el futuro y tan cambiante como el viento. Nos atrae y nos rechaza sin avisar.

La colaboración ni es estática ni está garantizada. Realmente es una empresa compleja. Lo es porque involucra a seres complejos... sí, ¡personas como tú y yo!

Con los años he aprendido que la gente es totalmente impredecible. Alguien puede ser un gran amigo o compañero y de repente al instante siguiente desconectarse sin dar aviso o razón. Otros pueden comenzar siendo nuestros peores enemigos solo para acabar convirtiéndose en nuestros mejores amigos. ¿Quién sabe por qué actuamos del modo en que lo hacemos?

¿Es una locura? Sí.

¿Es sorprendente? En efecto.

¿Inimaginable? En realidad no.

Somos humanos. Ninguno de nosotros lo tiene todo junto, y todos acarreamos cuestiones profundas y personales que crean una complejidad mayor. Todos somos seres imperfectos que tratan de encontrar su lugar en la vida. No es de extrañar que nuestra implicación en la colaboración la haga compleja por naturaleza.

Es a la vez un misterio y un milagro que podamos trabajar juntos durante *cualquier* periodo de tiempo. Asegúrate de atesorar esos momentos de colaboración.

Para colaborar bien en estas complejas relaciones, es de vital importancia que apartes los siguientes obstáculos:

- **Motivos y expectativas poco claros:** todos acceden a las oportunidades de colaboración con su propio manojo de expectativas y motivos para involucrarse. Eso es bastante natural. Es seguro que los intereses difieran entre las partes que acceden a colaborar.

  Por ejemplo, una compañía puede entrar en colaboración con el objetivo del perfeccionamiento del pensamiento. En otras palabras, la compañía quiere comprometerse de tanto en tanto en una relación informal que permita a los miembros del equipo compartir ideas y perfeccionar conceptos para su compañía. Otra compañía puede entrar en un espacio de colaboración con la esperanza de encontrar inversión u oportunidades de asociación con un compromiso a largo plazo en mente. Ambas partes podrían usar la palabra *colaboración* y aun así significaría dos cosas totalmente diferentes.

  Un modo práctico de minimizar la complejidad innecesaria es establecer con claridad la clase de colaboración en la que crees que estás entrando por adelantado, al comienzo de la relación. Poner las cosas sobre el papel, aunque sea un simple acuerdo de una página, puede marcar toda la diferencia. Al menos, tanto tú como la persona o personas con las que colaboras tendrán un punto de referencia para la conversación y el potencial perfeccionamiento del acuerdo.

  ¿Alguna vez has salido de una reunión preguntándote qué esperaba obtener la otra parte de la interacción contigo? ¿Alguna vez has salido de una reunión sintiendo que no comunicaste con claridad tu intento de compromiso? Cuando este sea el caso, es muy poco probable que seas capaz de avanzar con cualquier clase de colaboración real.

- **Roles poco claros:** clarificar los roles de todos los implicados es esencial para una buena colaboración. Esto es algo que debe ser articulado, en lo que se debe estar de acuerdo y se debe documentar por los que participan en el trabajo. Minimizar las conversaciones del «él dijo/ella dijo» mantendrá el proyecto en marcha. Recomiendo grandemente que las partes involucradas designen a un director del proyecto que pueda supervisar el proceso completo y de mutuo acuerdo mientras mantiene al tanto a todo el mundo. Los roles también deberían estar sujetos a una clara comprensión de los progresos y a las expectativas finales. No importa lo igualitaria que una empresa *quiera* ser, todavía necesitará gente que tome el liderazgo en áreas específicas para que el objetivo global se vuelva realidad.

- **Objetivos y medidas poco claros:** ¿cómo sabrás que tu esfuerzo de colaboración habrá tenido éxito? ¿Cuáles son las medidas de calidad y cantidad que usarás para determinar si has tenido éxito? ¿Son tus medidas para el éxito similares a las de aquellos con quienes estás trabajando?

   Tomarte el tiempo de escribir los objetivos colectivos de un grupo proporcionará un punto de referencia tangible para todos los implicados. Determina algunas medidas de mutuo acuerdo que sirvan para filtrar el éxito de una actividad. El alcance y la profundidad de la colaboración a menudo determinarán la envergadura de esas medidas.

- **Seguimiento poco claro:** muchas grandes ideas y oportunidades se quedan a mitad de camino por culpa de la incapacidad de una persona o de un grupo para hacer un seguimiento. Sin duda parece mucho más fácil prometer un seguimiento en el futuro que pasar realmente algunos minutos después de cada reunión haciendo lo que has prometido. Irónicamente, cuanto más esperas para hacer el seguimiento, más difícil te resultará... especialmente hacerlo bien. Gran parte de nosotros terminaremos usando excusas baratas o culpando a los demás para ocultar nuestra incapacidad de hacer lo que prometimos. El problema es que la mayoría de la gente se huele las mentiras.

Aquí tienes algunos modos prácticos que intento seguir con la gente con la que espero colaborar:

- Intento mandar un correo electrónico con un resumen de la reunión a las pocas horas o minutos de haberla tenido. Esto depende en parte de mi agenda de reuniones, pero la regla general es que necesito comunicarlo antes de que cualquiera de los que hayamos estado en la conversación se olvide. Estos correos normalmente tienen una lista de viñetas de los puntos clave de la conversación junto con una lista de pasos de acción acordados y la gente responsable de cada uno de esos temas.

- Demasiado a menudo me encuentro organizando los siguientes pasos de seguimiento durante una reunión. Encuentro que organizar los correos y las llamada de seguimiento es extremadamente útil para mantener las cosas según lo planeado. Sé que la gente está muy ocupada y son propensos a olvidarse, así que intento ayudarles con recordatorios sin ser un pesado.

- También intento organizar la siguiente reunión o llamada telefónica antes de abandonar la conversación. Encuentro que esto consigue mantener el ritmo en la relación de trabajo. No hay nada como ir y venir durante semanas para encontrar una fecha de mutuo acuerdo. Ahórrate el problema y llega a la reunión con una idea clara de cuándo podrás estar disponible próximamente.

- En el escenario de un gran proyecto, uso programas informáticos de gestión de proyectos para ayudar a encauzar el proyecto a todos los involucrados. El tiempo que toma registrar las expectativas, roles y responsabilidades bien vale la pena.

Sé que muchos que se guían por una actitud relacional pensarán que este enfoque es mecánico y artificial. Sin embargo, la incomodidad de crear un acuerdo mutuo es mucho más preferible que el nivel de frustración al que normalmente se llega cuando no se toma en cuenta.

No hay duda de que la colaboración es tanto poderosa como necesaria en nuestro mundo. Cómo abordar la colaboración es algo que con lo que todos necesitamos ayudar a los demás. ¿Qué te funciona a ti? ¿Alguna vez has escrito cómo colaboras? Puede que merezca la pena el tiempo que pases pensando en esto antes de que surja la próxima oportunidad de colaborar.

Buena idea (pensamientos clave de esta sección)	¿Ahora qué? (tus ideas y el siguiente paso de ejecución)
Las personas son impredecibles, lo que hace la colaboración complicada.	_____ _____ _____
Establece con claridad la clase de colaboración en la que crees que estás entrando por adelantado, al comienzo de la relación. Poner las cosas sobre el papel, aunque sea un simple acuerdo de una página, puede marcar toda la diferencia.	_____ _____ _____
No importa lo igualitaria que una empresa *quiera* ser, todavía necesitará gente que tome el liderazgo en áreas específicas para que el objetivo global se vuelva realidad.	_____ _____

CAPÍTULO

33

¡Lo necesito!

Tiempo.
Dinero.
Miedo.
Incertidumbre.
Ego.

Hay un millón de razones por las que no querría colaborar con alguien. Estas razones puestas aquí, junto con muchas otras como ellas, son legítimas y merecen una consideración antes de entrar en una relación de colaboración.

Pero primero, más fundamental, creo que debes considerar cómo ves la colaboración y qué valor le das en realidad. Eso determinará cuánto deseas esforzarte al trabajar con los demás. El modo en que valoras la colaboración probablemente entrará dentro de alguna de las siguientes cuatro categorías:

1. **La colaboración es opcional:** algunos ven la colaboración como una bonita opción para mejorar nuestra propia empresa. Según esta visión, la colaboración es algo que le añades a tu trabajo cuando conviene y se puede conseguir fácilmente. Según esta visión, la colaboración no es esencial ni se busca activamente. Los que tienen esta perspectiva creen que son autosuficientes para conseguir sus objetivos.

159

2. **La colaboración es conectar:** algunos ven la colaboración como una simple conexión con los demás. No conlleva mucho trabajo más allá del de reunirse. Según está visión, la colaboración es en gran parte una experiencia intelectualmente satisfactoria con un mínimo compromiso y poca expectativa de resultados específicos. Cosas como los beneficios relacionales o profesionales son buenos subproductos de la colaboración, pero no son el objetivo.

3. **La colaboración es querer:** muchos ven la colaboración como algo que quieren. Saben que es extremadamente beneficioso para hacer avanzar sus empresas, pero se encuentran desconcertados acerca de cómo funciona realmente. Basándome en mi interacción con otros líderes, creo que muchos están en esta categoría de pensamiento. Ellos de verdad quieren colaborar, pero sienten pesimismo debido a experiencias previas y les falta la energía para intentarlo de nuevo seriamente.

4. **La colaboración es necesidad:** solo una pequeña minoría mantiene la visión de que la colaboración es absolutamente necesaria para sus propósitos. A pesar de algunas decepciones de pasadas experiencias, las personas que mantienen esta perspectiva eligen abrirse a nuevas oportunidades, incluso a riesgo de fallar de nuevo. Estos individuos eligen aprender de sus errores pasados para convertirse en mejores colaboradores y trabajar intencionadamente hacia paradigmas, sistemas y acuerdos que produzcan grandes asociaciones.

Una organización creada en colaboración

En la primavera de 2003 tres jóvenes cineastas de San Diego viajaron a Uganda en busca de una historia. No tenían ni idea de que su viaje cambiaría para siempre la trayectoria de sus respectivos futuros. Jason Russell, Bobby Bailey y Laren Poole descubrieron la trágica realidad de las guerras africanas de larga duración y su impacto sobre los niños. El conflicto entre el Lord's Resistance Army [Ejército de Resistencia del Señor] y el gobierno de Uganda incluye el reclutamiento forzoso de niños pequeños para luchar en la guerra. El resultado es que 1.8 millones de niños fueron desplazados de sus hogares mientras huían por sus vidas.

Después de verlo de primera mano, estos tres cineastas regresaron a casa y crearon un documental que exponía esta creciente injusticia en Uganda. Como narradores, sabían que esta historia tenía que compartirse con la mayor cantidad de gente posible para crear una especie de conciencia global que al final conduciría a una intervención internacional. Comenzaron una organización sin ánimo de lucro llamada Invisible Children [Niños invisibles], una descripción adecuada para los millones que habían sido desplazados y olvidados.

Con el poder de los medios, Invisible Children ha colaborado y movilizado millones con el fin de terminar este conflicto en África. Se han comprometido a un desarrollo a largo plazo, trabajando directamente con empleados de Uganda, para proporcionar la ayuda necesaria, incluyendo la construcción de escuelas, acceso al agua potable e instalaciones sanitarias, tecnología y energía, y ahorros e iniciativas de préstamo. Por medio de todo esto han mantenido el espíritu colaborativo sobre el que se fundó la organización.

Ben Keesey es ahora el director ejecutivo y el consejero delegado de Invisible Children. También resulta ser un buen amigo. En medio de sus recientes viajes, Ben se tomó algo de tiempo para hablar conmigo acerca del proceso de colaboración de su organización así como de las lecciones que han aprendido con los años acerca de colaborar con otros grupos.

Invisible Children ha estructurado estratégicamente su organización para permitir que las ideas fluyan desde arriba hacia abajo y que del mismo modo surjan de los miembros del equipo que trabajan bajo la supervisión de los gerentes. Los tres fundadores originales forman el Consejo Ejecutivo y se reúnen trimestralmente para desarrollar ideas que presentar a su equipo de gestión, que consiste en doce directores. El equipo directivo de Invisible Children intenta reunirse cada seis meses para facilitar la proyección de conversaciones. Todas las ideas, ya sean generadas por los tres fundadores o por cualquier otro de la organización, se ponen a prueba frente a las opiniones de los doce directores. Como Ben dice: «Para que una de nuestras ideas o campañas tenga verdadero éxito, todos los aspectos de nuestra compañía tienen que estar detrás. Todo el mundo tiene que estar a bordo y cumplir con su papel. Necesitamos pleno consenso para avanzar». La misión del equipo directivo es desafiar, criticar, rechazar o dar forma a las ideas que se presentan mientras mantiene la misión global en mente.

Ben compartió que a menudo crean un *espacio para escuchar* que permite a cualquiera que trabaja para Invisible Children aportar ideas y pensamientos sobre la organización. Se valoran estos momentos y se crean adrede para construir una cultura de colaboración.

A propósito de trabajar con otros grupos, Ben se rió con algunos de sus primeros errores al colaborar con todos y cada uno: solo por preguntar. El único requisito aquellos días era que los colaboradores se sintieran movidos a ello. Invisible Children ha aprendido a lo largo de los años que la colaboración funcionará solo cuando las partes involucradas se ajusten perfectamente, tanto en motivación como en objetivos. Como resultado, han instituido un proceso de escrutinio más concienzudo en las nuevas oportunidades de colaboración.

Me encantan las organizaciones como Invisible Children que permanecen abiertas a la colaboración con la intención de producir un mayor impacto. Si ves la colaboración como una necesidad, se te abrirá un nuevo mundo de oportunidades y experimentarás perspectivas que de otro modo nunca habrían sido posibles.

Buena idea (pensamientos clave de esta sección)	¿Ahora qué? (tus ideas y el siguiente paso de ejecución)
El modo en que ves la colaboración y el valor que le das en realidad determinará cuánto deseas esforzarte al trabajar con los demás.	
Muchos líderes de verdad quieren colaborar, pero sienten pesimismo debido a experiencias previas y les falta la energía para intentarlo de nuevo seriamente.	
La colaboración funcionará solo cuando las partes involucradas se ajusten perfectamente, tanto en motivación como en objetivos.	

34

¿Confías en mí?

—No me estás escuchando.
  —Sí, lo estoy.
  —¿Qué acabo de decir?
—Sí, lo sé. Estabas hablando de eso. Ya sabes, eso...
(Mirada de frustración.)
(Devolución de mirada de «pillado in fraganti».)
—No importa.
—Venga ya.
  ¿Lo has escuchado antes? Es esa conversación tan familiar que tiene lugar entre parejas jóvenes que intentan averiguar cómo hacer equipo en la vida. Pero esa misma conversación puede ser fácilmente la de dos personas que buscan una asociación profesional. Puede que no surja con esas mismas palabras, pero el problema central de no escuchar bien a menudo puede convertirse en una fuente de gran conflicto que al final lleve a separar los caminos. Nuestro fracaso a la hora de escuchar comunica claramente nuestro desinterés y la falta de concentración en las cosas que la otra parte considera importantes. La confianza suele depender de si la otra persona siente nuestro sincero interés en la empresa de colaboración.
  Ten en cuenta que oír a alguien físicamente está muy lejos de escucharle realmente. Escuchar bien es tanto una forma de arte a desarrollar como una habilidad que perfeccionar. Es un área en la que debemos trabajar regularmente.

Nuestra mente tiene la habilidad de quitar o de bloquear información basada en lo que sentimos que es importante. Todo trata de prioridades y valores. Por desgracia, el caos de tu vida puede ahogar importantes oportunidades de conectar con la gente a la que realmente necesitamos escuchar. ¿Cuántas asociaciones se han perdido por culpa de nuestra incapacidad para escuchar bien? ¿Cuántas oportunidades hemos perdido porque no hemos podido escuchar a nadie más allá de nuestro propio ego?

Recientemente oí por causalidad una conversación a voz en grito en una cafetería entre la dueña de una agencia creativa y un cliente descontento. El cliente comunicaba lo frustrado que se sentía por la incapacidad de la dueña de escuchar sus peticiones. Hizo una lista de cuatro o cinco elementos clave que le había comunicado tanto por correo electrónico como por teléfono. La mujer propietaria de la agencia parecía aturdida. Al principio se puso a la defensiva e intentó corregir al cliente. Por desgracia para ella, él había preparado unos documentos que apoyaban sus reclamaciones. Hacia el final de la conversación ella finalmente admitió que había estado trabajando sobre suposiciones y que no se había tomado el tiempo de considerar seriamente sus propuestas.

Ay. Fallar a la hora de escuchar puede restringir bastante el éxito y el crecimiento de un negocio.

Aunque yo soy el último que debería reclamar experiencia en esta área (pregúntale a mi esposa), he aprendido e incorporado unas cuantas cosas a mi vida que me han hecho un mejor oyente. Los siguientes pequeños ajustes que he hecho a lo largo del camino han marcado la diferencia en mi habilidad para colaborar eficazmente con los demás:

- **Presta atención a los nombres.** De acuerdo, sé que muchos de ustedes estarán pensando: «No soy muy bueno recordando nombres».

  Lo sé. Es imposible recordar todos los nombres de las personas que conocemos, ¿verdad?

  El problema no es tanto que seamos incapaces de recordar a todo el que conozcamos. Más bien, creo que el problema es que algunos de nosotros hemos renunciado al hecho de incluso *intentar* recordar los nombres de los demás. Yo solía pensar así. Al final, después de varias conversaciones vergonzosas con lo de

«¿Cómo dijiste que te llamabas?», decidí desarrollar una estrategia para recordar los nombres.

Aquí tienes algunas cosas que hago para ayudarme a recordar los nombres de la gente que conozco:

○ **Repetición:** intento usar el nombre de la persona que acabo de conocer varias veces durante la conversación inicial. Me he dado cuenta de que esta repetición incrementa muchísimo mi capacidad de recordar su nombre más tarde.

○ **Escribirlo:** a menudo introduzco el nombre de la persona, junto a algunas palabras clave que me recuerdan la conversación, directamente en el teléfono: incluso mientras estamos todavía en la conversación. Asegúrate de decirle a la persona con la que estás hablando lo que estás haciendo para que no piense que le estás escribiendo un mensaje a otra persona.

○ **Rememorar:** he notado que compartir con alguien más una breve sinopsis de la conversación que acabo de tener realmente ayuda a solidificar los detalles de la misma en mi cabeza, incluyendo los nombres de la gente implicada. No puedes hacerlo siempre, pero cuando sea posible es un buen ejercicio que funciona.

• **Permanece presente.** No seas *ese tipo* que explora la sala durante una conversación para buscar a gente más importante a la que acudir. Eso no solo es desagradable para la persona con la que estás hablando, sino que dejarás pasar la oportunidad que tienes a mano. Ya sabes de lo que hablo. Esa actitud de «Soy demasiado importante para esta conversación, así que iré a buscar a otra persona» al final se te pondrá en contra. Y cuando lo haga, ¡te lo habrás merecido! (Solo aviso.)

No te pongas a hablar con la gente si no vas a estar presente tanto física como mentalmente. Ten en cuenta que nuestros cuerpos comunican tanto como nuestras bocas. Si no estás interesado, discúlpate y márchate. No actúes como que te interesa y le hagas perder el tiempo a la gente. Estar presente también requiere contacto visual. Creo que es algo de educación que todo el mundo merece. Practica para mantener el contacto visual y permanece presente durante tus conversaciones. Las recompensas merecen el esfuerzo.

- **Haz preguntas aclaratorias.** Creo que uno de los mejores modos de entablar conversación con los demás es a través de buenas preguntas que clarifiquen lo que la persona está tratando de comunicar. Es especialmente importante en conversaciones acerca de la colaboración. Hacer preguntas del tipo: «¿Podrías aclarar qué quieres decir con eso?», o «¿Podrías darme un ejemplo de lo que te refieres?» ayudarán a cristalizar el propósito y las expectativas de la otra persona. Hacer preguntas aclaratorias también comunica tu profundo nivel de interés en la persona y en el trabajo en el que esperas que se embarquen juntos. Esto puede fomentar una credibilidad y una confianza más fuertes en la relación.

- **Escucha el por qué y no solo el qué.** La gente no suele decir todo lo que realmente quieren decir; generalmente se contiene mucho en la conversación. Por otro lado, algunas de las cosas que se dicen en momentos de frustración o dolor rara vez son tan malas como suenan al principio. Tienes que escuchar lo que el corazón de la persona está tratando de comunicar: no solo las palabras que usa. Intenta evaluar el contexto de la conversación y ponte en los zapatos del que se está comunicando.

  Me acuerdo de lo que el filósofo indio Jiddu Krishnamurti dijo una vez: «Cuando estás escuchando a alguien atenta y completamente, entonces no solo estás escuchando las palabras, sino también el sentimiento de lo que se está expresando, el todo, no una parte».[1]

- **Toma buenas notas.** Cuando sea apropiado, toma notas cuando hables con los demás. Eso te mantendrá pendiente y concentrado en la conversación. Tomar notas te hace utilizar sentidos adicionales, lo que te ayudará a absorber y procesar mejor lo que *realmente* se ha dicho. En las reuniones, no confíes solo en un anotador para que haga todo el trabajo. ¡Deshazte de ese modo de compromiso! Es muy poco probable, de todos modos, que vayas a hacer algo con las notas de otra persona. No te deshagas de la responsabilidad de tomar notas; es una oportunidad de ser más participativo en el desarrollo de una relación de colaboración.

---

[1] Jiddu Krishnamurti, *You Are The World* (Chennai, India: Krishnamurti Foundation, 1972, reimpr. 2002), p. 49.

- **No hables demasiado.** Se que suena evidente, pero no tomes el control de la conversación si tu objetivo es escuchar mejor. Hasta donde yo sé, hablar evita que escuches bien.

Piensa en lo que Oliver Wendell Holmes dijo una vez:

Es competencia del conocimiento hablar, y competencia de la sabiduría escuchar.[2]

Escuchar bien es una parte importante de la colaboración y conlleva un esfuerzo intencionado el desarrollarlo. Si se hace bien, abrirá un nuevo mundo de relaciones y oportunidades.

¿Puede escucharme ahora?

Buena idea (pensamientos clave de esta sección)	¿Ahora qué? (tus ideas y el siguiente paso de ejecución)
El fracaso a la hora de escuchar puede dañar el éxito potencial y el crecimiento de un negocio.	
La confianza suele depender de si la otra persona siente nuestro sincero interés en la empresa de colaboración.	
«Es competencia del conocimiento hablar, y competencia de la sabiduría escuchar».	

---

[2] Oliver Wendell Holmes, *The Poet at the Breakfast Table* (Boston: Houghton, Mifflin, 1889), p. 310.

CAPÍTULO

35

El club de la lucha

La primera regla: nadie habla sobre el CLUB DE LA LUCHA.
La segunda regla: ningún miembro habla sobre el CLUB DE LA
 LUCHA.
La tercera regla: la pelea termina cuando uno de los contendientes grita
 «basta», desfallece o hace una señal.
La cuarta regla: solo dos hombres por pelea.
La quinta regla: solo una pelea cada vez.
La sexta regla: se peleará sin camisa y sin zapatos.
La séptima regla: cada pelea durará el tiempo que sea necesario.
La octava regla: si esta es tu primera noche en el CLUB DE LA LU-
 CHA... TIENES que pelear.
¡Bienvenido al CLUB DE LA LUCHA![1]

Es como si hubiera un enorme y gordo elefante en la habitación. Se llama TENSIÓN.

Una de las verdades acerca del trabajo de equipo o la colaboración es que producirá tensión en el ambiente de trabajo. Todavía no he visto a un equipo fuerte de líderes o innovadores trabajando juntos sin alguna clase de tensión. De hecho, las compañías y organizaciones que producen una gran calidad a menudo llegan ahí al favorecer una sana cultura de lucha.

---

[1] De la película *Fight Club* [*El club de la lucha* o *El club de la pelea*], 1999, director David Fincher.

Algunos de ustedes habrán reconocido las reglas de la lista de *El club de la lucha* [también conocido como *El club de la pelea* en Latinoamérica], una película acerca de un club de pelea clandestino creado por un oficinista de una compañía de automóviles anónimo y descontento interpretado por Edward Norton. Es una adaptación de la novela que Chuck Palahniuk publicó en 1996, que comunica con creatividad la desesperación y la parálisis que mucha gente siente viviendo en un sistema que no han creado la clase de vida que nunca quisieron. La lucha de la película trata del intento del hombre normal de *sentir* de nuevo en una sociedad que le tiene entumecido.

No digo que tengamos que lanzarnos hacia los demás en el trabajo (aunque veo que ese es un pensamiento interesante para algunos de ustedes). Pero me pregunto si hemos creado una cultura que sobrevalora el consenso y la igualdad cuando se trata de ideas. En mi opinión, *no* todas las ideas son creadas iguales. Hay una gran diferencia entre permitir respetuosamente que todos aporten (sin discusiones) y perfeccionar colectivamente una idea para implementarla bien (y discutirlo cuando estemos en desacuerdo).

La tensión es algo bueno. De hecho, es bastante necesaria para el trabajo en equipo.

Por desgracia, algunos equipos se conforman con una política de no confrontación que en realidad causa parálisis en el desarrollo de la organización. Aunque este enfoque neutral puede funcionar a nivel conversacional, no ayudará a que las cosas avancen. Hay que tomar decisiones. Enfrentar la tensión de frente (con algo de tacto, por supuesto) ofrecerá una claridad y una productividad más que necesarias.

La lista de ideas que sigue te guiará a desarrollar una sana cultura de lucha en tu trabajo de colaboración:

- **Invita a la gente a luchar.** Crear una cultura que permita una tensión sana requiere que estemos abiertos a lo que esperamos conseguir. Sé directo. Invita a la gente con la que trabajas a no compartir tu opinión y a preguntar. Asegúrate de comunicar que el objetivo es hacer que el trabajo avance. Por lo tanto, la lucha no debería girar en torno a los ataques personales. Aunque para muchos es difícil separar el trabajo de la crítica personal, enfatizar la necesidad de una tensión sana puede lograr mucho.

- **Determina algunas reglas básicas para el club de la lucha.** Mucha gente busca alguna clase de directrices para entenderse. ¿Qué se permite? ¿Qué se pasa de la raya? ¿Hay oportunidades durante las reuniones para comentarios, sugerencias y/o dar marcha atrás cuando se necesite? ¿Quién tiene la última palabra? ¿La gente lo entiende?

- **Juega según las reglas y moldea la lucha.** No hay nada más decepcionante que ver un líder que primero exagera la colaboración y luego ignora las aportaciones de los demás. Cuando esto ocurre, en el mejor de los casos el líder estaba ignorando lo que implica la verdadera colaboración y en el peor había sido poco sincero con sus palabras. Aquellos que quieren beneficiarse de la tensión sana deben moldearla bien y jugar según las reglas. Si vas a darle la bienvenida a una pelea, debes estar abierto a los pensamientos de los demás y proporcionar a tu equipo muchos ejemplos en que escuches, perfecciones conceptos basándote en sus comentarios y no respondas a la defensiva. La gente no va a confiar en que crees en el valor de la tensión colaborativa hasta que te vean poniéndola en práctica.

- **Mantén la pelea en secreto.** Si el objetivo de aprovechar la tensión en el trabajo es hacer avanzar la misión central de la organización, entonces es imperativo determinar quién habla de ello así como quién necesita conocerlo. En muchos escenarios, acceder a tratar los detalles internamente en confidencialidad probablemente sea inteligente. Puede que te suene de sentido común, pero he visto a grupos compartir información que el público no necesitaba saber... ¡y que puede que ni estuvieran interesados en escuchar! A menos que estés desarrollando el próximo iPhone, te sorprendería saber lo poco que le interesan al público tus asuntos internos.

  La única excepción real a esta clase de confidencialidad es que estés buscando la opinión del público en la posible dirección de una idea. En este caso, prepárate para comunicar claramente y con frecuencia el propósito y la finalidad de la participación pública. Además, desarrolla un proceso en el que recibas y analices los datos y después también informes de vuelta al público una vez completado. Hacerlo público a menudo requiere responsabilidad pública.

- **Celebren las victorias juntos.** La victoria está en un equipo que avanza con una idea. Celebra en condiciones cuando un equipo se una y trabaje a pesar de sus diferencias. Aunque puede que la solución no le resulte ideal a todos los implicados, al menos siempre será mejor que estar paralizados. Festeja bien cuando se haga un progreso significativo. Asegúrate de reconocer pública-mente a los miembros del equipo y de recompensarlos cuando sea posible. Eso favorece la moral, el ímpetu y la confianza del equipo para que trabajen juntos en el futuro.

Aunque las ideas aquí explicadas no son perfectas, pueden proporcionar algunos parámetros para encajar productivamente la tensión del equipo. Y recuerda que el proceso entero depende de seres humanos complejos, la variable final. Además, la ten-sión sobre una idea es una cosa, pero el conflicto interpersonal que surge entre miembros del equipo puede ser más difícil de sobrellevar de forma exponencial.

Nunca es fácil, pero es una parte esencial del liderazgo. El creci-miento y la salud de una organización a menudo dependen de la ha-bilidad del líder de involucrarse en conversaciones complicadas en tiempos de tensión o conflicto. Evitar o ignorar estas oportunidades (sí, oportunidades) para madurar ha conducido a la innecesaria desa-parición de muchas empresas. Aquí tienes algunas lecciones o puntos de vista que he aprendido con los años a la hora de lidiar con el con-flicto, y espero que te sean útiles:

- **Reúnete en persona.** Cuando sea posible, elige la opción más incómoda e inconveniente: la de reunirte en persona. Otras for-mas de comunicación, como el correo electrónico, los mensajes de texto, los comentarios en redes sociales y las llamadas de te-léfono rara vez captan nuestra intención o producen resultados saludables. Además, reunirse en persona pone la carne en el asa-dor. En otras palabras, no podemos escondernos detrás de la tec-nología (ni de nuestras inseguridades) cuando nos enfrentamos cara a cara con otro ser humano.

Sé que mucha gente no disfruta ni prospera en las situaciones de confrontación, pero aún tengo que encontrar un modo más productivo que el de cara a cara para enfrentar a alguien con sus principios esenciales. Inicia esa conversación en cuanto sea posible. A menos que la persona con la que estés en conflicto sea muy dura de mollera, verá el valor de reunirse en persona. Si la persona es testaruda, buena suerte.

- **Escucha bien.** Como hablamos en el capítulo 34, escuchar bien es esencial para construir una relación. Y recuerda, hay una diferencia entre escuchar bien y simplemente esperar una oportunidad para soltar tu próxima objeción. No importa lo difícil que sea en el calor del momento, intenta escuchar lo que la otra persona está intentando decir. Considera las presuposiciones subyacentes e intenta identificar qué guía a la persona a pensar como lo está haciendo. ¿Está siendo razonable? ¿Podría en realidad esa persona tener razón en algunos puntos de vista, especialmente dada su experiencia?

  Después de escuchar a la persona, tómate un tiempo para articular la frustración de esa persona repitiéndoselo. Esto proporcionará una evidencia de que 1) estabas escuchando y 2) comprendes por qué estaba frustrada o enojada para empezar. Para muchos, ese es el momento de la conversación en que empiezan a ver que lo entiendes. Para hacerlo bien, no puedes ponerte a la defensiva o distraerte con otros pensamientos. Tu objetivo es escuchar. ¡Eso es!

- **Sé claro.** La finalidad de un encuentro para la resolución de un conflicto no es tener razón. Más bien, la conversación debería mover a las dos partes implicadas hacia una mayor comprensión de la causa del conflicto así como de los siguientes pasos de acción para resolverlo. Demasiado a menudo no entender esto bien alimenta un estado de tensión. Haz preguntas que puedan clarificar la situación. Si el objetivo no es ganar la discusión, esos momentos toman otro tenor completamente diferente: uno en el que todos los implicados encontrarán alivio.

- **Sé honesto.** Nadie es perfecto. Es bastante posible que cada persona involucrada en el conflicto tenga una perspectiva sesgada de la situación. Sé franco y abierto para reconocerlo. Trabaja a favor de la verdad (si es posible) y no te escondas detrás de tu ego e inseguridad. El objetivo debe ser aprender y crecer desde la tensión para avanzar en un modo saludable como compañía, organización o individuo. La honestidad es la mejor táctica. La mayoría de la gente está dispuesta a perdonar a los que son honestos y muestran remordimientos genuinos por sus acciones.

- **Piensa en la acción.** Cuando trabajes en un conflicto, toma notas (mental y literalmente) sobre lo que se puede hacer para frenar futuras repeticiones. Comparte algunos de esos pensamientos con el resto de personas implicadas. Tomar la posición del aprendiz es saludable y beneficiará a mucha más gente en el camino. Más aún, sé fiel a tu palabra y continúa con tu compromiso de cambio.

- **Toma un lugar neutral.** En algunas situaciones es sabio tomar un lugar neutral para observar e incluso moderar la conversación. Esa persona no está ahí para ser un juez, sino más bien alguien que pueda conducir la conversación hacia una solución al mismo tiempo que se hace responsable de todo lo que se ha dicho. Asegúrate de que todos los involucrados se sientan cómodos con la persona que se ha elegido para moderar.

La tensión, tanto a nivel personal como de equipo, se puede convertir en un gran catalizador para crecer si elegimos enfocarla con humildad y sabiduría. Reconozco que trabajar para crear una cultura de equipo que esté profundamente comprometida a caminar por el sendero de la tensión por el bien de la compañía o la organización no es una tarea sencilla. Lleva tiempo y paciencia desarrollarla. Sin embargo, merecerá mucho la pena al final. Además, hará de ti un ser humano mejor... ¡y eso siempre es algo bueno!

Buena idea (pensamientos clave de esta sección)	¿Ahora qué? (tus ideas y el siguiente paso de ejecución)
Las organizaciones que producen una gran calidad a menudo llegan ahí al favorecer una sana cultura de lucha.	

Buena idea (pensamientos clave de esta sección)	¿Ahora qué? (tus ideas y el siguiente paso de ejecución)
Hay una gran diferencia entre permitir respetuosamente que todos aporten (sin discusiones) y perfeccionar colectivamente una idea para implementarla bien (y discutirlo cuando estemos en desacuerdo).	_____ _____ _____
La gente no va a confiar en que crees en el valor de la tensión colaborativa hasta que te vean poniéndola en práctica.	_____ _____ _____
Celebra en condiciones cuando un equipo se una y trabaje a pesar de sus diferencias. Aunque puede que la solución no le resulte ideal a todos los implicados, al menos siempre será mejor que estar paralizados.	_____ _____ _____

36

La contratación

Estoy convencido de que nada de lo que hacemos es más importante que contratar y desarrollar a personas. Al final del día apuestas sobre personas, no sobre estrategias.

—Larry Bossidy, ex director ejecutivo de Honeywell

Todo consiste en la gente, ¿no?

Consiste en trabajar con la gente adecuada en el momento oportuno y en el objetivo correcto. Al final, son las *personas* las que conducen la visión, encarnan los valores y hacen crecer la influencia de una compañía o una organización. Sin gente, no hay organización. Con la gente equivocada, la organización funcionará mal.

Según siga creciendo tu compañía u organización, se volverá esencial desarrollar una estrategia para contratar bien. Añadir a la gente correcta a tu trabajo, ya sea interna o externamente, puede ser la diferencia entre un negocio normal y un impacto exponencial. La sostenibilidad y expansión de una idea a menudo dependen de a quién, cuándo, por qué y cómo contrates.

Contratar es mucho más que simplemente añadir un empleado o un socio a la empresa. Es una invitación a colaborar y a dar forma al futuro de algo considerado valioso y significativo.

Aquí tienes algunos principios que pueden guiar en el proceso de contratación:

177

- **Determina si la contratación es esencial ahora mismo.** Antes de que des el paso de contratar, asegúrate de hacer la debida diligencia de evaluar las necesidades reales de tu compañía u organización. No estoy hablando de una evaluación anecdótica que esté basada en unas cuantas conversaciones o sugerencias del tipo «creo que necesitamos». Tiene que haber datos reales que apoyen la decisión de buscar contratar a alguien. Esto requerirá que revises tus cifras económicas, que determines la trayectoria actual de tu actividad y tu crecimiento y que consideres el impacto de nuevas contrataciones en la dinámica y la productividad de tu equipo.

  El tiempo es dinero... y también lo es el momento. Muchos creen que el momento adecuado para contratar es cuando *realmente necesitas* a alguien que cumpla un determinado papel para que la compañía o la organización cumplan su misión. Estoy de acuerdo. El momento ideal para contratar es cuando la eficacia y la eficiencia del trabajo se ve seriamente afectada por la ausencia de un rol específico. Hasta entonces, el equipo debería buscar opciones alternativas para sostener y hacer crecer la empresa asumiendo responsabilidades extra o contratando a trabajadores externos. A menudo esto suele ser más eficaz económicamente a largo plazo y proporciona la opción de ahorrar para contratar a esa nueva persona cuando sea absolutamente necesaria.

- **Desarrolla objetivos para la contratación.** Contratar, como otras cosas en los negocios, debería guiarse por objetivos claros. No limites esos objetivos simplemente a las responsabilidades del puesto. También deben abarcar cómo ves a la persona o al rol añadiendo valor al futuro de la compañía. Recuerda, no solo estás contratando a alguien para hacer el trabajo. Quieres a gente que lleve sus funciones a un nuevo nivel y que se conviertan en influencias y modelos positivos para el resto del equipo. Ten presente que estás añadiendo a alguien que ayudará a dar forma al futuro de tu compañía, ya sea a un nivel grande o pequeño. Elige sabiamente, comunícate con claridad y determina de antemano qué esperas conseguir en la perspectiva global.

- **Crea un proceso de contratación lento y piensa en la inversión de la compañía.** Por naturaleza, la gran mayoría de oportunidades de contratar se viven con urgencia. Sin embargo, resístete a la urgencia de contratar por capricho o como reacción a una necesidad inmediata. Puede que tengas suerte, pero generalmente no es una buena jugada. Lo normal es que una contratación abrupta y espontánea te salga cara.

Tómatelo con calma siempre que sea posible. Piensa en términos de meses, no semanas. Por eso gran parte de las buenas compañías requieren múltiples entrevistas con varios líderes interdepartamentales para una posible contratación. No se trata tanto de hacer que la gente pase por el aro. Más bien es un sistema que permite un proceso de evaluación holístico que busque el mayor bien para la compañía así como para la persona que está siendo contratada. Contratar bien lleva tiempo.

Ten en cuenta que muchas contrataciones nuevas requieren un poco de tiempo y la inversión de recursos para que se integren en su papel. Una vez oí hablar a Frank Markow, consultor de liderazgo de organizaciones, acerca de las cuatro clases de personas que se unen a un equipo:

1. Los capacitados y dispuestos.
2. Los incapacitados, pero dispuestos.
3. Los capacitados, pero no dispuestos.
4. Los incapacitados y no dispuestos.

Basándote en estas categorías, probablemente querrás contratar a la persona 1 y evitar a la 4. Por desgracia, cuando te precipitas a contratar, puede que no tengas esa opción. Reflexionar sobre contratar a la persona 2 o a la 3 te ayudará a sopesar qué se le pedirá a tu compañía u organización para subir a bordo a tu nueva contratación. Por ejemplo, la persona 2 requerirá un montón de formación, mientras que la 3 requerirá incentivos que le motiven a involucrarse. Sea como sea, conocer qué clase de persona estás contratando te ayudará a ver qué inversión será necesaria para capacitar a esa persona a que contribuya totalmente al equipo.

- **Haz tus tareas y realiza buenas preguntas.** Cuando llegue el momento de dirigir una entrevista, deberías estar listo y preparado. Además de revisar la solicitud y hacer un seguimiento de las referencias, algunos recomiendan que hagas una búsqueda en Internet sobre la persona que pide el puesto. Yo dejo esa decisión en tus manos. La cuestión aquí es que necesitas saber todo lo que puedas de cualquier individuo que estés pensando en añadir a tu equipo.

Durante la entrevista, no seas tímido. Haz preguntas que hagan pensar. Siempre que no te comportes como un idiota, la mayoría de la gente se sentirá intrigada y entrará en el juego. Por ejemplo, en vez de preguntar qué fue lo más desafiante de su anterior trabajo, ¿por qué no preguntas para ver si tienen alguna idea de lo que podría ser lo más desafiante del puesto al que aspiran? Esta clase de preguntas abiertas se prestan a respuestas más creativas y más reveladoras. Más allá de las cualificaciones sobre el papel y de las respuestas esperadas para las preguntas estándar, intenta buscar cualidades de iniciativa y pensamiento crítico. Recuerda, estás buscando ejes, no a gente que simplemente se conforme a las políticas de la empresa.

- **Busca que se ajuste culturalmente.** Cuando entrevistes a gente para un nuevo trabajo, pregúntate siempre si la persona encaja bien culturalmente. Tú y tu equipo tendrán que trabajar con esta persona diariamente y en proximidad. ¡Puede que pases más tiempo con este nuevo contratado que con tu propia familia! Es imperativo que te hagas una idea clara de cómo ves que encaja esa persona. Normalmente busco la opinión de los miembros del equipo, así como amigos de confianza y mentores a quienes considero entendidos en cuestiones de contratación. Finalmente, ¿te *gusta* el candidato? No le restes importancia a este criterio fundamental. Solo quieres contratar a gente que aumente y refuerce la cultura que estás tratando de crear en tu organización.

- **Abraza la oportunidad.** Las contrataciones potenciales pueden darte una gran visión y muchas advertencias sobre el futuro de tu compañía. Si han hecho sus tareas, deberían ser capaces de proporcionar muchas ideas externas acerca de tu trabajo. ¿Por qué no aprovechar la oportunidad para explorar cómo puedes hacer mejor tu compañía? Lo genial acerca de la interacción humana, incluso en un escenario de contratación, es que puedes salir de ella con una nueva relación fantástica... y quizá algunas perspectivas e ideas nuevas para tu vida y tu trabajo.

Ejecutar tus ideas requiere trabajar con un gran equipo, ya sea interno o externo. Tómate un tiempo para reunir a la gente correcta a tu alrededor.

Buena idea (pensamientos clave de esta sección)	¿Ahora qué? (tus ideas y el siguiente paso de ejecución)
Al final, son las *personas* las que conducen la visión, encarnan los valores y hacen crecer la influencia de una compañía o una organización.	
Añadir a la gente correcta a tu trabajo, ya sea interna o externamente, puede ser la diferencia entre un negocio normal y un impacto exponencial.	
Cuando entrevistes, pregúntate siempre si la persona encaja bien culturalmente... y si realmente *te gusta*.	

182 El trabajo de la colaboración

Un poco más lejos

- Piensa en el último proyecto en el que colaboraste. ¿Fue una experiencia positiva? Si fue así, ¿a qué lo atribuyes? Si no lo fue, ¿qué estuvo mal?
- Piensa en alguien con quien te gustaría colaborar en una idea reciente que estés tratando de ejecutar. Escribe un acuerdo sencillo de una página en donde incluyas unas cuantas medidas para el éxito.
- ¿Cuánto valoras la colaboración? ¿Hasta qué punto es esencial para tu trabajo? ¿Cuál de las cuatro categorías del capítulo 33 refleja mejor el modo en que ves la colaboración?
- ¿Alguna vez has perdido una asociación o una relación porque no estabas escuchando bien? ¿Alguna vez has perdido una oportunidad porque no podías oír nada más allá de tu ego? ¿Qué podrías haber hecho de forma diferente que te hubiera conducido a otro resultado? (Mira la lista del capítulo 34 para ver algunos consejos.)
- ¿Tu organización tiene algunas reglas para la lucha? ¿Qué se permite? ¿Qué está fuera de los límites? Si no tienes reglas para luchar, escribe algunas básicas ahora que querrías ver en práctica para animar y guiar a un conflicto saludable.
- ¿Puedes pensar en alguna ocasión en la que tú o tu jefe tomaron una mala decisión a la hora de contratar? Mirándolo desde tu perspectiva actual, ¿cuál fue la razón de la mala decisión?

¡Sal de aquí!

CAPÍTULO

37

Por qué la marca importa

A pple
Target
Starbucks
Coca-Cola
Disney
Google
Amazon

Estas marcas icónicas están dando forma a nuestra cultura global. No solo dirigen y dan forma a nuestros hábitos consumistas, sino que también están redefiniendo estratégicamente el modo en que interactuamos como seres humanos y cómo pensamos en el mundo. Las marcas importan de maneras que van mucho más allá de la decisión de compra o donación. Están guiando nuestro presente y creando nuestro futuro.

Seas consciente de ello o no, tu producto, compañía o causa tiene una marca. Tú tienes una marca. Tu marca está insertada en todo lo que comunicas, favoreces y produces. Tu marca resalta aquello distintivo con lo que encarnas tu misión.

Y si quieres ejecutar bien tu idea, necesitas saber la respuesta a esta pregunta: ¿qué clase de marca tienes?

Para desarrollar estratégicamente una marca, puede que sea beneficioso clarificar dos cosas que las marcas *no* son:

1. **Tu marca no es tu misión.**

   En muchas compañías y organizaciones los líderes pasarán una importante cantidad de tiempo (y harán bien) en el desarrollo y el perfeccionamiento de su misión, visión y valores. Este enfoque

185

proporciona el fundamento de cualquier empresa. El problema surge cuando el liderazgo hace un nuevo descubrimiento e inmediatamente traslada al público un mensaje por medio de múltiples plataformas (p. ej., páginas web, boletines, programas, redes sociales y diseño), mientras sortean el desarrollo de su marca.

A menudo esto da como resultado la confusión en una marca, percepciones y expectativas poco realistas (tanto dentro como fuera de la organización) y una inconsistencia sistemática que al final estorbará el desarrollo y el crecimiento. Aunque tu misión identifique por qué existes, tu marca encarna la personalidad, identidad y voz de tu organización.

Por ejemplo, el eslogan de Nike «Just do it» [Simplemente hazlo], no comunica necesariamente la misión de la compañía de ayudar a los atletas a alcanzar su potencial humano a través de sus productos innovadores. Más bien, el lema captura una emoción y resume una actitud: la clase de actitud con la que espera inspirar a todos los atletas que usan sus productos.

Como ves, es bastante posible que el liderazgo de una compañía o una organización esté de acuerdo de forma colectiva en una misión común y en un conjunto de valores, pero que tengan unas expectativas totalmente diferentes de cómo debería ser la marca. Por ejemplo, una junta puede estar de acuerdo en el valor de la creatividad de la organización, pero mantienen diferentes expectativas sobre cómo se expresará esa creatividad. Algunos pensarán en Apple mientras que otros pensarán más en Van Gogh: dos perspectivas muy diferentes cuando se trata de cómo se expresa la creatividad por una marca.

Los creativos a veces lo tienen difícil obteniendo la aprobación del cuerpo de gobierno cuando están produciendo un trabajo que expresa la identidad de una marca. A menudo esto es porque no han procurado una clara comprensión de la estrategia de la marca. En vez de eso, permiten que la conversación se deje llevar por sus preferencias creativas personales.

Si quieres que tu idea se acepte y se ejecute, conoce la estrategia de tu marca.

2. **Tu marca no es solo un diseño bonito o un eslogan.**
Tu marca es mucho más que un buen diseño o un mensaje bien confeccionados. Realmente se trata de comprender tu

personalidad y tu voz y entonces crear experiencias de marca memorables —en todos los puntos de contacto con la marca— con los que tus electores se identifiquen y que encuentren excelentes. Una marca fuerte y sostenible de una idea traducirá tu identidad y la comunicará con eficacia por múltiples plataformas y campañas de audiencia específica. Una marca exitosa desarrolla una relación de confianza que con el tiempo da como resultado una profunda lealtad.

Tu marca abarca las clases de atributos que tú querrías que la gente pensase de cualquier cosa que consideraran tuya y de tu trabajo. Piensa en tu marca como un filtro interno mediante el cual determinas cómo quieres que se te conozca públicamente. Tu marca al final afectará a tu lenguaje, estética, diseño, presencia en línea, trabajadores e infraestructura.

Una guía práctica para la marca

Aquí tienes algunas ideas prácticas que te ayudarán a comenzar (o a comenzar de nuevo) el desarrollo de una marca fuerte:

- **Define (o redefine) tu marca.** Pasa algún tiempo escribiendo tus percepciones acerca de los atributos de la marca de tu organización. Intenta conseguir de 10 a 15 adjetivos que la describan. Sé sincero y escribe lo primero que te venga a la mente. ¡No lo analices demasiado! Una vez que lo hayas hecho, invita a compañeros del equipo a que participen también del ejercicio. Asegúrate de que comparten unos con otros sus pensamientos y mira si están todos en la misma línea. También querrás aportaciones abiertas de tus usuarios finales, clientes y/o seguidores. Intenta usar preguntas que usen metáforas para obtener una opinión. Aquí tienes algunos ejemplos:
  - Si nuestra compañía fuera una tienda de ropa, ¿qué clase de ropa habría y por qué? ¿Y si fuera un restaurante?
  - Si nuestra compañía fuera un amigo, ¿a qué clase de acontecimientos te sentirías cómodo invitándole? ¿Una fiesta de vacaciones? ¿Un partido de la Superbowl? ¿Un evento de etiqueta? ¿Una escapada de fin de semana?
- **Identifica tus principales atributos de marca** (normalmente entre tres y cinco) y revísalos regularmente con tu liderazgo. Dirige

experiencias de aprendizaje creativas que refuercen tu marca al mismo tiempo que tu misión. Tus líderes son las personas influyentes clave de tu marca, así que es vital que sean incluidos en el proceso.

- **Comprueba la coherencia** en la comunicación de tu marca en las múltiples plataformas. ¿Suena y parece la misma compañía en tu página web que en Facebook o Twitter? ¿Qué tal con tus boletines de noticias y tus correos? ¿Qué comunica tu área de trabajo?

- **Si el presupuesto lo permite, considera traer a una voz exterior** que tenga experiencia en el desarrollo de la marca de organizaciones. Míralo como una inversión a favor de la claridad futura. Una buena marca te ahorrará tiempo y dinero a largo plazo.

Una marca fuerte hará que la gente se ponga en acción y creará una profunda lealtad. Una marca débil a menudo evitará que la gente entienda o incluso vea la misión y la visión de una compañía u organización. Desarrollar una marca lleva tiempo, pero es esencial para el éxito de cualquier empresa que intente alcanzar su máximo potencial.

Buena idea (pensamientos clave de esta sección)	¿Ahora qué? (tus ideas y el siguiente paso de ejecución)
Tu marca está insertada en todo lo que comunicas, favoreces y produces.	
Tus líderes son las personas influyentes clave de tu marca, así que es vital que sean incluidos en el proceso.	
Tu marca hará que la gente se ponga en acción y creará una profunda lealtad. Desarrollar una marca lleva tiempo, pero es esencial para el éxito de cualquier empresa que intente alcanzar su máximo potencial.	

CAPÍTULO

38

¿Una marca personal?

Hace poco le pregunté a Jonathan, mi hijo de ocho años:
—¿En qué crees que trabaja papá?
—Papá, tú ayudas a la gente con sus ideas —respondió él.
—¡Eso es impresionante! —le dije—. ¿Puedo contratarte?
Los dos nos reímos.

A pesar de nuestras limitadas conversaciones acerca de mi trabajo de consultoría, mi hijo ha comprendido el hecho de que me apasiona ayudar a la gente con sus ideas y ha sido capaz de calificarme en consecuencia. Para Jonathan, yo soy un papá, un marido y un tipo que ayuda a los demás con sus ideas. Lo ha entendido. Quizá le contrate.

La idea de desarrollar una fuerte marca personal sin duda sale muy a menudo en mis conversaciones con clientes y amigos. La gente quiere saber cómo desarrollar y hacer uso de su marca personal. Reconocen que una marca personal realmente puede ser un beneficio si se usa sabiamente.

En pocas palabras, una marca personal es una referencia para la percepción pública de la identidad de un individuo. Esto incluye el modo en que la gente percibe nuestra personalidad y nuestras asociaciones con ideas, productos, compañías y organizaciones específicas, entre otras cosas.

Te guste o no, la gente ya te ha marcado. Esto significa que cuando piensan en ti, piensan en atributos específicos. Quizá tú eres el amigo simpático, considerado e ingenioso al que todo el mundo acude.

Quizá eres el creativo innovador al que la gente llama cuando necesitan ideas para un nuevo producto. Tal vez seas la autoridad que viene a la mente cuando la gente piensa en juegos de mesa. Sea lo que sea, ya has sido calificado. Es posible que cuando salen palabras o ideas específicas en una conversación, la gente las saque porque sientan que tú encarnas una idea en particular.

Así que, ¿cómo desarrollas tu marca personal?

Aquí tienes mi respuesta paradójica: puedes, pero no puedes.

Esto es lo que quiero decir...

Una marca personal se desarrolla cuando hay más de una persona involucrada. El concepto de una marca implica que hay una persona comunicando la marca y hay otra percibiéndola. Esto quiere decir que para desarrollar tu marca personal hacen falta más personas aparte de ti.

Entonces, ¿cuál es el secreto para crear tu marca personal? Es simple: ¡deja de trabajar en ello! Te recomiendo que cambies tu enfoque de trabajar en tu marca para trabajar en tu trabajo. Las marcas fuertes se crean y se sostienen por la calidad constante del trabajo producido. Hoy en día, en la era de las reseñas de usuarios, blogs y redes sociales, una marca que no produzca un trabajo de calidad simplemente no sobrevivirá.

Demasiada gente pasa demasiado tiempo y energía pensando en su marca sin centrarse lo suficiente en lo que realmente están esperando crear: el trabajo en sí mismo. Quita la calidad del trabajo o la de tu carácter y tendrás una marca débil. Como mucho, solo poseerá el bombo.

Esta es la ecuación que debes usar cuando desarrolles una marca personal:

$$\text{Calidad del trabajo} \times \text{integridad} = \text{marca personal}$$

Algunos producirán un gran trabajo, pero si les falta carácter es muy improbable que produzcan una fuerte marca personal. Cualquier número multiplicado por cero siempre da cero. Del mismo modo, si alguien con un gran carácter no produce un trabajo de buena calidad, es muy improbable que esa persona desarrolle una marca fuerte.

¿Quieres una marca personal grande? Continúa produciendo una calidad que la gente apreciará y le contará a los demás. ¿Lo que estás creando es algo digno de que se hable de ello? Además, sé una persona de integridad, un modelo de autenticidad, fidedigno y que se comprometa a entregar lo que ha prometido. Resístete a la urgencia de convertirte simplemente en un producto de masas. Si lo haces, darás la impresión de ser precisamente eso... un producto de consumo masivo. Y ya sabes cómo queremos a esa gente. No tienes que proyectarte de esta manera para construir tu marca.

La marca personal es paradójica. Puesto que implica a otras personas, siempre habrá elementos que no puedes controlar. Céntrate en lo que sí puedes controlar —la calidad de tu trabajo— y permite a los demás que desarrollen tu marca compartiendo la historia de sus experiencias contigo y tu trabajo.

En sí mismo no hay nada malo en querer ser conocido por algo que te apasiona. Solo ten presente que una fuerte marca personal es un subproducto genial en la búsqueda de calidad e integridad, pero un horrible objetivo para nuestro trabajo.

Lecciones accidentales sobre la marca personal

Dicen que perdida la batalla todos son generales. Supongo que esto es cierto en parte.

Cuando pienso en cómo he desarrollado mi propia marca personal como chico de las ideas, debo admitir que no tenía esa intención cuando comencé. Siempre he amado las ideas y supe bien pronto que las ideas podían, y ya lo habían hecho en realidad, cambiar el mundo a lo largo de la historia. La intención de explorar cómo funcionan ha sido mi fascinación durante mucho tiempo. Eso me llevó a realizar estudios de posgrado en filosofía. Mi esperanza era que los estudios me ayudarían a convertirme en un mejor pensador. El programa de estudios me revolvió el estómago —y las ganas— muchas veces. Hacer el trabajo era un desafío diario, pero seguí adelante.

Con el tiempo, la gente comenzó a darme oportunidades para que hablase acerca del proceso creativo y les ayudase a resolver los problemas de sus organizaciones. Pronto me vi trabajando con organizaciones sin ánimo de lucro, iniciativas locales y comunidades de fe. Al poco, las compañías comenzaron a acercárseme para que las ayudase con sus ideas, dado mi historial con las organizaciones sin ánimo de lucro, especialmente en el desarrollo de campañas creativas. Gran parte de las ideas con las que trabajé giraban en torno a la creación de bien social en nuestro mundo, y no sabía yo entonces que las campañas de concienciación y la responsabilidad social corporativa (RSC) se convertirían en temas de tanto interés en el mundo empresarial. Antes de saberlo, a menudo se me asociaba con conceptos como la creatividad, la innovación, el bien social y el liderazgo.

Durante este tiempo comencé un blog para poder capturar algunos de mis pensamientos sobre varios temas. ¡Nunca esperé que la gente realmente lo leyera! Para mi sorpresa, la gente comenzó a engancharse, a seguirme y a invitarme a entrar en nuevas áreas de pensamiento. También comencé a interesarme un poco por el mundo emergente de las redes sociales y a buscar modos de aprovechar su potencial de conexión para crear un bien social. Trabajé para aprender todo lo que pudiera y confié en que saliera bien. Ya fueran iniciativas virales, *flash-mobs* o conferencias lo que crease, todo parecía funcionar mucho mejor de lo esperado y conducía a nuevas oportunidades.

Trabajé duro para ser constante, abierto a diferentes pensamientos y colaborador en mi enfoque. Sabía que las relaciones serían importantes en cualquier área en la que pretendiera buscar. Salí de mi camino para construir amistades, propulsar las ideas de otros y ayudar a la gente a hacer contactos y conectar con los demás. Era bien consciente de que mis esperanzas de crear ideas importantes para nuestro mundo tendrían que ser mucho más grandes que yo. Presenté públicamente a personas y trabajé gratis muchas veces en proyectos en los que creía. Mirando atrás, aunque acabé exhausto en muchas ocasiones, todas estas oportunidades sin cobrar realmente me ayudaron a afinar mis habilidades en el área de implementar las ideas.

Todavía no puedo creer que ahora me gane la vida ayudando a los demás a desarrollar e implementar sus ideas. Mi marca personal como fabricante de ideas realmente fue el resultado de seguir con todo mi corazón un área que me apasionaba. No me importaba si alguna vez cobraría por mi esfuerzo. Sabía que pagar mis deudas pronto merecería la pena al final. Invertí de forma regular en gente y proyectos en los que creía. Estoy muy contento de haberlo hecho. Creo que soy un mejor ser humano a causa de esta experiencia.

¿Se desarrolló intencionadamente mi marca personal? Sí y no. Espero que ahora entiendas la paradoja.

Buena idea (pensamientos clave de esta sección)	¿Ahora qué? (tus ideas y el siguiente paso de ejecución)
En pocas palabras, una marca personal es una referencia para la percepción pública de la identidad de un individuo.	_____ _____ _____
Te guste o no, la gente ya te ha marcado.	_____ _____
Cambia tu enfoque de trabajar en tu marca para trabajar en tu trabajo.	_____ _____
Céntrate en lo que sí puedes controlar —la calidad de tu trabajo— y permite a los demás que desarrollen tu marca compartiendo la historia de sus experiencias contigo y tu trabajo.	_____ _____ _____

CAPÍTULO

39

La exposición

En 1988 di un gran paso hacia mi madurez. Fue el año en que me enamoré por primera vez. Acababa de cumplir los dieciséis, pero todavía puedo recordar mi primera pasión con intensidad.

No, no era una chica. ¡Era un Toyota Celica Coupe blanco de 1978!

Ahora, antes de que busques en Internet este caramelo, debo recordarte que era un coche genial por aquel entonces (al menos en mi cabeza). Vale, el vehículo tenía diez años, pero no me importaba. ¡Era mío! Cuando mis padres me lo dieron sentí una gran independencia así como una confianza de su parte recién adquirida.

Todavía recuerdo entrar al concesionario donde mi tío trabajaba como vendedor. Sin faltarle el respeto a mi tío, tenía toda la pinta del típico vendedor de coches. Llevaba el pelo alisado hacia atrás, un traje bonito y aquel pequeño brillo en los dientes. Le quería, pero en aquel momento no sabía si podía confiar en él. Le recuerdo con nitidez soltando el discurso del vendedor: especificando todos los detalles de por qué debíamos comprar el Celica en vez de cualquier otro vehículo del lote. Yo pensaba: «Tío, somos nosotros. Somos tu familia. ¿Por qué nos estás soltando todo este discurso?». Aun así, con cada nueva característica que destacaba, crecía mi emoción. Por fortuna para nosotros, mi tío no estaba intentando estafarnos. Estaba siendo sincero, y el coche era justo lo que había prometido. Ahora veo por qué le fue tan bien con las ventas.

Aprendí algo aquel día: presentar una idea conlleva pasión, conocimiento y la capacidad de cumplir con los bienes prometidos.

Todos los fabricantes de ideas al final tendrán que explicar o vender su idea a otra persona. Ya se la expliques a un potencial inversor, a un miembro del equipo o a un cliente, el proceso de la exposición puede ser una de las experiencias más estimulantes o más aterradoras de la vida. Has sido llamado a compartir algo profundamente personal en lo que has estado trabajando.

Cuando pienses en cómo exponer mejor tu idea, considera algunas de las siguientes lecciones que he aprendido mientras exponía mis propias ideas y mientras escuchaba a otros exponer las suyas.

- **Cuando sea posible, comienza construyendo la relación.**

  Puede que suene obvio, pero demasiadas personas piensan que pueden saltarse lo de construir la relación e ir directamente a la exposición. Recibo correos electrónicos constantemente de personas que quieren que les presente a algunos de mis amigos más influyentes para que les ayuden a acelerar sus ideas. Sinceramente, me encanta hacer esas conexiones, pero deben estar basadas en la relación. Cada presentación es un reflejo de quién soy yo. Si alguien a quien conozco remotamente se me acerca, voy a dudar mucho más a la hora de conectar a esa persona con mis amigos.

  Brad Lomenick es una persona a la que abordan todo el tiempo personas que quieren poner sus productos al frente de la enorme red de contactos de su organización, Catalyst. «Construye equidad relacional antes de lanzarte a algo —avisa Brad—. No siempre será posible, pero cuando lo sea, siempre será bueno. No es que solo consideremos a los amigos, sino que seguro que ayuda estar en relación con ellos».

  Continúa diciendo: «Muchas grandes ideas parecen tener el peso en su fuente. A menudo seguimos una idea no porque la exposición sea buena, sino porque la persona que la da es de confianza y respetada. La fuente marca una gran diferencia».

  Las relaciones importan en el proceso de exposición. Merecerá la pena el tiempo que pases construyendo relaciones mucho antes incluso de que exista la necesidad de exponer tu idea. La regla general es que cuanto más arriba de la escalera subas, más equidad relacional será necesaria.

- **Que sea claro, corto y simple.**

  ¿Qué estás exponiendo? ¿Puede comunicarse el concepto central claramente en pocos segundos? ¿Pasará el test de la exposición de ascensor?

  Imagínate en un ascensor bajando desde el piso 30 cuando otra persona te pregunta: «Entonces, ¿de qué trata tu idea?». ¿Serías capaz de comunicarte de forma suficientemente concisa y eficaz para despertar el deseo o el interés de esa persona para seguir la conversación más adelante?

  Claridad, brevedad y simplicidad son esenciales para la exposición.

  Asegúrate de trabajar un poco más en esto. ¡Nada distrae más la atención que escuchar a alguien exponer una idea de la que no parece tener un claro entendimiento! Tu credibilidad —y el interés del oyente— empezarán a caer en picado si no te has preparado para estos momentos de exposición. La preparación es la clave, ya sea la exposición espontánea o planeada.

  Simplificar y clarificar un concepto lleva muchas horas de trabajo. Incluso aunque seas de naturaleza comunicadora, no tiene por qué significar, necesariamente, que tus pensamientos tengan sentido. La gente inteligente que invierte en ideas verá más allá del encanto personal e identificará si hay sustancia o no en la idea.

  Asegúrate de escribir la exposición y después pasa tiempo perfeccionándola. Tampoco sería malo ensayarlo frente a la familia o los amigos que estén dispuestos a ofrecerte sus comentarios. También te interesa grabar con la cámara tu exposición para ver cómo la percibe el que lo escucha.

- **No te olvides el porqué.**

  La gente que expone su discurso bien comunica con claridad el porqué de su idea. En otras palabras, esos individuos no se centran solamente en lo que hacen o en cómo lo hacen; también comparten por qué lo hacen. El qué de una idea normalmente apunta a las características. El cómo, al método. El porqué apunta al motivo o la razón. Ahí es donde puedes enganchar a la gente emocionalmente, y la gente toma las decisiones basándose en sus emociones.

Es un principio del *marketing* muy efectivo en las exposiciones. Por ejemplo, si estás exponiendo una nueva compañía de vasos de papel, puedes presentar la idea en tres niveles:

 i) El qué: producimos vasos de alta calidad.
 ii) El cómo: producimos vasos de papel de alta calidad utilizando materiales reciclados.
 iii) El por qué: producimos vasos de papel de alta calidad utilizando materiales reciclados porque nos preocupa profundamente el medio ambiente y pensamos que es posible tener un buen negocio sin dañar el mundo en que vivimos.

Cada nivel de la exposición crea niveles más profundos de lealtad a la marca. Cuando expongas tu idea asegúrate de comunicar no solo qué haces y cómo lo haces, sino también por qué te apasiona el concepto.

• **Piensa con humilde tenacidad.**
¿Crees en lo que estás exponiendo? ¡Pruébalo!
Pruébalo tanto con tus palabras como con tu lenguaje corporal.
Aparenta seguridad sin ser arrogante. Sé honesto sin disculparte por la falta de conocimiento. Sé tenaz sin ser autoritario.
Scott Harrison de charity: water hace poco compartió conmigo estos pensamientos acerca de la exposición de una idea. Esto es lo que dijo:

Sé un auténtico apasionado de tu idea. La gente se contagia de la pasión y se apaga con la rutina [la acción] de hacer las cosas por costumbre... La tenacidad también es realmente importante: sal ahí y cuéntales tu historia y accede cuando te digan que no. Si dicen que no, simplemente ve hacia la siguiente persona, y después a la siguiente, y así en adelante. Es valor. Es determinación. Debes elegir no ser movido del camino de contar tu historia. No dejes que el desánimo del rechazo inicial debilite tu pasión.

En otras palabras, confía en lo que estás exponiendo. Si crees en lo que estás haciendo, asegúrate de que la gente pueda sentirlo. Si no puedes comunicar tu pasión y confianza en el producto, ¿por qué querría nadie respaldar lo que estás haciendo?

¿Te preocupa parecer arrogante? Si estás preocupado por eso, es poco probable que se te perciba como arrogante. Es la gente

que no es consciente de ello o que no le importa la que se muestra arrogante... ¡normalmente porque lo son! Solo por si acaso,
puedes mantener la confianza de no volverte arrogante arraigán-
dote en la humildad. Sé honesto con la persona a la que le estás
exponiendo. Si no puedes hacer llegar el producto o servicio en
la escala que la otra parte está pidiendo, dilo. Sé franco y comunica con claridad lo que *sí* puedes hacer para ayudar a la persona
en su empresa. Muchos apreciarán tu honestidad en la materia y
buscarán modos viables de asociarse contigo.

- **Haz tus deberes.**
Asegúrate de presentarte en una reunión preparado para contestar preguntas. Aunque no tienes por qué tener todas las respuestas, debes tener una firme comprensión de las cuestiones
comunes que pertenecen a tu idea así como de las preguntas que
puedan surgir. He visto que jugar a un juego de roles previamen-
te a una reunión siempre es útil. Tienes que convertirte en el
crítico más agresivo de tus propias ideas.

Además, haz los deberes sobre la persona con la que te vas
a reunir para comprender por qué querría conectar con tu idea
y asociarse contigo. ¿Qué hace de esa persona alguien a quien
quieras conocer y con quien quieras trabajar? ¿Qué puede sacar?
¿Qué necesidades de esa persona suplirá esta asociación? Tómate
un tiempo para escribir esas ideas. Cuando sea posible, accede al
encuentro con datos que apoyen tu razonamiento. Ten en cuenta que estás ahí para mostrarle a la otra parte de qué modo la
asociación beneficiará a las dos partes. Pregúntate: «¿Cuál es el
beneficio potencial de la inversión para la persona a la que me
estoy presentando?».

- **Desarrolla accesos tangibles para la implicación.**
Ve a la reunión esperando una respuesta positiva. ¿¡Por qué no!?
Si la idea es buena y has hecho bien tus deberes, ¿entonces por
qué no deberías esperar una respuesta positiva? Si esa se convierte en la actitud con la que enfocas las exposiciones, deberías estar preparado para el siguiente paso: proporcionar accesos prácticos para la implicación cuando la gente responda positivamente.

Debes pensar más allá de la exposición y prepararte con pasos de acción practicables. Los pasos de acción variarán depen-

diendo del grado de interés y de inversión, así que asegúrate de diseñar numerosos modos en que una persona pudiera involucrarse. ¿Dejarás algo de material? ¿Necesitará la otra parte algo de ti para una futura colaboración? ¿Sabe la persona con quién contactar en el futuro? Ponte en los zapatos del otro y prepárate en consecuencia. No dejes que se te escape la oportunidad entre los dedos.

- **Hazlo memorable.**
Seth Godin suele describir lo *memorable* como algo que merece una observación. Por lo tanto, una experiencia memorable hace que la persona lo experimente para contárselo a los demás.

Creo que las exposiciones deberían ser memorables. La realidad es que la mayoría de la gente a la que le exponemos nuestras ideas escucha muchas exposiciones regularmente. ¿Cómo destacarás? ¿Cómo harás que tu exposición sea memorable? ¿Cómo se abrirá camino tu folleto en medio del barullo? ¿Qué hay en tu exposición que hará que esa persona comparta la idea con otros?

Hacer de una exposición algo memorable requiere creatividad. Piensa en cómo puede experimentar alguien tu exposición con los cinco sentidos. Puede sonar ridículo, pero yo me hago preguntas así: «¿A esta persona a qué le sabrá mi exposición? ¿Cómo tocará mi exposición? ¿Cómo olerá mi exposición?». Esto normalmente provocará modos creativos de comunicar la idea.

La cuestión aquí es que nunca debemos conformarnos solo con comunicar información de un modo unidimensional. Cuando sea posible, trabaja para crear una experiencia global que permita que tu idea sea memorable.

- **¡Síguelo!**
El seguimiento es crucial. ¡Nunca podré resaltar lo suficiente este punto! Ya sea por correo electrónico, con una nota personalizada escrita a mano o una carta, agradécele siempre a la gente su tiempo de forma personal. Aunque la persona no haya invertido en tu idea, mantén abierta la relación para futuras posibilidades. Además, intenta hacer el seguimiento durante las veinticuatro horas siguientes a la reunión. Eso ayudará a mantener el impulso.

Una idea que merece la pena compartir

Si tu idea es algo que el mundo necesita, entonces no hay razón para estar a la defensiva, cohibido o inseguro. Cada exposición es una oportunidad para que otra persona participe en el crecimiento de una idea diseñada para ayudar a todos los implicados. Si tú crees en tu idea, ¡no seas tímido cuando la compartas con los demás!

Buena idea (pensamientos clave de esta sección)	¿Ahora qué? (tus ideas y el siguiente paso de ejecución)
Presentar una idea conlleva pasión, conocimiento y la capacidad de cumplir con los bienes prometidos.	
Demasiadas personas piensan que pueden saltarse lo de construir la relación e ir directamente a la exposición.	
Mantén la confianza de no volverte arrogante arraigándote en la humildad.	
¿Qué hay en tu exposición que haría que el oyente compartiese tu idea con otra persona?	

CAPÍTULO

40

La vida en la era digital

M*ad Men* es una serie de televisión ambientada en el glamuroso mundo de Madison Avenue en la década de 1960: la meca de la publicidad. Ha ganado numerosos premios por su autenticidad histórica y su estilo visual. Aunque la serie resalta algunas de las cuestiones sociales negativas de Estados Unidos en los 60, incluyendo el sexismo, el racismo, el adulterio y la homofobia, disfruto viéndola por su descripción del modo en que se daba forma a las campañas de *marketing* y publicidad en los viejos tiempos.

Hasta la historia reciente, las agencias de publicidad trazaban nuestra percepción de los productos, los servicios y la realidad como un todo. Nos decían qué creíamos, qué nos gustaba y qué consumíamos. ¿Y sabes qué? Bebíamos el refresco que nos servían. Y después pedíamos más.

Pero oh, cómo han cambiado los tiempos.

Con el ascenso de Internet y las redes sociales, ahora tenemos acceso instantáneo a toda clase de valiosa información —desde comparaciones de precios hasta reseñas de coetáneos— que pueden ayudarnos a tomar mejores decisiones de compra. Las compañías ahora deben escuchar los comentarios y sugerencias del público para mejorar sus productos y servicios.

Mientras tanto, las agencias de publicidad se las están viendo para averiguar qué significa este cambio para el *marketing*. Sinceramente, muchos tienen poca idea de cómo recalibrarse para esta nueva era digital. Las pequeñas agencias creativas que se están centrando primordialmente en los medios digitales están comenzando a conseguir grandes cuentas que antes pertenecían a las grandes agencias bien conocidas.

¿La cuestión?

Conseguir sacar una nueva idea ahí fuera luce muy diferente hoy a como lo hacía antes. Aunque todavía hay elementos fundamentales para el buen *marketing*, los fabricantes de ideas hoy deben tener presente que el escenario en el que se comparte una idea con el público ha cambiado. Eso no quiere decir que debas arrojar por la ventana todo el trabajo tradicional de *marketing* para abrazar los nuevos medios. Más bien significa que debes tomar un enfoque holístico de todas tus opciones.

Aristóteles tenía mucho que decir acerca de cómo enfocar las decisiones de la vida. Él describe la virtud como un medio entre dos vicios: 1) el exceso y 2) el defecto. Por ejemplo, la valentía es una virtud que existe entre dos vicios: 1) la temeridad (o exceso de valentía) que hace que alguien se lance ciegamente a la batalla y 2) la cobardía (o la falta de valentía) que evita que alguien entre siquiera a la batalla.

La elección correcta suele residir entre los dos excesos. Aunque la elección de una plataforma de *marketing* no es necesariamente algo moral, creo que el enfoque de Aristóteles todavía puede ser útil. En mi opinión, no se trata de si se debe elegir los medios tradicionales en vez de los nuevos (o viceversa). Creo que la sabiduría está en un punto intermedio. Se puede encontrar valor en ambas plataformas.

Por ejemplo, por mucho que existe un fuerte *lobby* para pasar exclusivamente a los libros digitales, aún habrá mercado para la gente que quiera llevar encima un libro impreso y pasar las páginas. Aunque algunos todavía crean que el correo tradicional es el modo de hacerlo, otros verán a estas compañías como hostiles contra el medio ambiente y las catalogarán de correo basura.

Los que siguen son algunos puntos de vista prácticos para compartir las ideas en nuestro mundo digital:

- **Desecha la negación.**
  El mundo ha cambiado. Los nuevos medios no son una moda. El tren ha salido de la estación y no va a regresar. Independientemente de que decidas o no ser activo en Internet en las

diferentes plataformas sociales, tus clientes ya están ahí... ¡y están hablando de ti! La pregunta es: «¿Quieres ser parte de la conversación?».

Comprométete a desarrollar una estrategia en línea que funcione para tu compañía u organización. Está bien admitir que no sabes qué hacer. La verdad es que mucha gente no lo sabe. Pero no saber qué hacer es una triste excusa para no hacer nada. Hay multitud de recursos gratuitos en línea, al igual que libros, para ayudarte a formular una estrategia eficaz. Te recomiendo algunos al final de este libro.

- **Conoce a tu audiencia.**
Este conocimiento es fundamental a cualquier clase de comunicación o *marketing*. ¿Dónde vive tu audiencia y cómo se conectan? ¿Facebook? ¿LinkedIn? ¿Twitter? ¿Google+? ¿Tumblr? ¿Blogs? Ya tienes el panorama. Eso debería darte alguna idea de dónde deberías estar activo.

Las redes sociales no solo tratan de hacer que la gente llegue hasta donde tú estás; también son una oportunidad de ir allá donde habite tu tribu. ¿No sabes dónde están tus amigos? ¿Por qué no les preguntas? Te sorprenderá ver lo activos que son realmente en varias de esas plataformas. Las malinterpretaciones comunes del tipo: «Solo los jóvenes están en las redes sociales» o «No tengo tiempo para conectarme», sin duda están entorpeciendo que muchos individuos y organizaciones alcancen todo su potencial.

- **No se trata de estar en Internet o no.**
Si quieres ser un fabricante de ideas eficaz, debes comprender los valores que dirigen la credibilidad tanto dentro como fuera de Internet. La gente que conozco que tiene un gran nivel de credibilidad en Internet por regla general también hacen un trabajo excelente alimentando sus relaciones fuera. Ya sea por medio de citas, llamadas de teléfono o conferencias, son accesibles y nunca minimizan el valor de los encuentros cara a cara. Todavía hay algo en reunirse en persona que incrementa exponencialmente la confianza y la credibilidad. Suele pasar que la vida dentro de Internet de alguien se alimente de la que tiene fuera, y viceversa.

La realidad hoy es que la línea entre lo que hay dentro y lo que hay fuera de Internet se deshace rápidamente. Para muchos no hay ninguna otra distinción práctica más allá de lo físico. No es tan inusual ahora que la gente se reúna en persona a la vez que se comunican por vía digital.

—¿Necesitas que te envíe un recordatorio de nuestra próxima reunión?

—Sí, por favor.

—Genial. Te lo enviaré ahora por correo.

—¿Puedes mandarme también ese documento?

—Claro. Lo añadiré al recordatorio.

¿Te suena familiar?

- **¡No olvides los objetivos!**
Todavía es una buena práctica determinar primero tus objetivos para usar un medio. Aunque no los tengas del todo claros antes de empezar a utilizar una herramienta en línea, mantén presente esta necesidad mientras exploras el medio y articulas tus objetivos sobre la marcha. Por ejemplo, ¿cómo medirás en éxito en tu incursión en Internet?

  ○ ¿Número de seguidores, amigos o fans?
  ○ ¿Número de clics en Facebook y Google ads?
  ○ ¿Número de oportunidades de venta?
  ○ ¿Retorno de la inversión en el presupuesto asignado a los nuevos medios?
  ○ ¿Crecimiento de la lealtad a la marca medido por las encuestas?
  ○ ¿Recogida de datos nuevos?
  ○ ¿Búsqueda?
  ○ ¿Construcción de una comunidad?

Determinar los objetivos te ayudará a establecer las medidas, tanto en calidad como en cantidad, para que puedas determinar a la vez cuánto éxito estás teniendo en Internet. Además, ten presente que no tienes que usar las mismas medidas que usas en otras plataformas de *marketing* y comunicación para las redes sociales. Desarrolla medidores que tengan sentido en tu compañía u organización. Como todo lo que haces, deberías tener un propósito detrás de por qué participas y cómo planeas medir el impacto.

- **Piensa en empoderamiento, no en control.**
Las redes sociales son un modo poderoso de aumentar la presencia y la lealtad de tu marca en línea. Sin embargo, aquellos que buscan dirigirlo como si fueran el gran hermano con sus empleados al final terminan con poca o nula participación: y puede que incluso tengan un motín. Esta es la regla general: las dictaduras no funcionan. Recuerda, las redes sociales tienen que ser sociales; y deben ser relacionales.

Mira las redes sociales como una oportunidad de empoderar a la gente de tu compañía para que vivan públicamente de un modo que beneficie su vida y la de la compañía. Los individuos con fuertes marcas personales normalmente terminan ayudando a la compañía porque sus marcas pueden aportar credibilidad al esfuerzo de una organización. Otorgarles a tus empleados la libertad de conectarse a las redes sociales tanto personal como profesionalmente aumentara tu efectividad. Si te preocupa que la gente pase tiempo en su propia presencia social, probablemente tengas que recapacitar en quién has aceptado en el equipo y si está realmente comprometido con tu misión.

- **El sentido común triunfa, así que planea de acuerdo a él.**
El sentido común es el menos común de los sentidos, ¿verdad? El sentido común debería decirte que todas las cosas que hay en la red son públicas y que, en muchos casos, seguirán ahí para la eternidad. No importa si has colgado algo en una web personal. Si es visible en algún punto al público, es público y está documentado en algún lugar del ciberespacio. En muchos casos borrar la evidencia no garantiza que se haya eliminado.

Con un poco de suerte, eso es lo que guía el uso de los medios en línea de tu equipo. Sinceramente, es una creencia errónea pensar que podemos separar nuestra presencia personal de la profesional en Internet. Normalmente acaban mezclándose. En otras palabras, cuando se trata de redes sociales, nunca estamos fuera de horario. Tus múltiples mundos ahora están conectados.

Me siento orgulloso de ver a más y más industrias sopesando estratégicamente sus directrices en línea. Para muchos trabajadores, todo lo que se les pide es que declaren lo obvio y que sean conscientes de los problemas potenciales. Todo el mundo puede beneficiarse de recordar lo obvio, sobre todo si lo obvio puede evitar innecesarias pérdidas de trabajo o pleitos con la compañía.

- **Continúa aprendiendo y escribiendo.**
Uno de los modos más prácticos de hacer llegar tu idea es contribuir con pensamientos a tu campo habitualmente. Por esto creo que escribir un blog todavía es una poderosa plataforma para desarrollar la credibilidad de una idea. A diferencia de otras plataformas sociales, el blog te permite archivar, etiquetar y organizar tus pensamientos de una manera duradera. En los blogs todavía se puede buscar mucho mejor que en Facebook, Twitter o cualquier otra plataforma social.

Además, los blogs te permiten obtener credibilidad en tu campo. Por ejemplo, si tu idea es introducir un nuevo producto móvil, te recomiendo que escribas regularmente sobre el mundo de los móviles. Tus entradas no tienen que tratar siempre de tu producto específico. De hecho, deberías tener una buena mezcla de actualizaciones del producto junto a entradas acerca de lo concerniente a toda la industria. Recuerda que tú eres una parte de una tribu interesada en tu tema. Conviértete en alguien que añada valor a tu campo. Esto, por su parte, te traerá de vuelta más credibilidad y reconocimiento de la marca.

Asegúrate de escribir también tus pensamientos en forma de comentarios o entradas invitadas en otras webs de tu campo. Esto suele crear nuevas conexiones que proporcionarán nuevas perspectivas sobre tu trabajo. Las relaciones recíprocas son la clave para cualquier empresa.

Finalmente, sé paciente. Todas estas cosas llevan un tiempo en desarrollarse. No te levantas un día simplemente teniendo a todo el mundo a la espera de escuchar tu nueva idea. Compartir tu historia en un mundo digital no solo trata de actualizar tu idea en línea. Esa parte es rápida y sencilla. Si quieres un impacto a largo plazo y un crecimiento sostenible, tienes que pensar más integralmente. Se trata de construir relaciones tanto dentro como fuera de Internet, permitiendo un crecimiento orgánico a través de una estrategia intencionada, y desarrollando una idea clara de lo que realmente quieres hacer.

La buena noticia es que ahora tienes las herramientas (¡muchas de ellas gratis!) para hacer llegar tu historia o idea de un modo que era inimaginable hace solo diez años. Tómate un tiempo para explorar nuestro nuevo mundo digital y aprovechar así esta oportunidad única. Si no sabes cómo hacer algo en línea, busca en Internet. ¡Tienes muchas probabilidades de encontrar una guía o un video sencillos que te mostrarán cómo hacerlo!

Buena idea (pensamientos clave de esta sección)	¿Ahora qué? (tus ideas y el siguiente paso de ejecución)
Conseguir sacar una nueva idea ahí fuera luce muy diferente hoy a como lo hacía antes.	
Las redes sociales no solo tratan de hacer que la gente llegue hasta donde tú estás, sino que también son una oportunidad de ir allá donde habite tu tribu.	
Recuerda, las redes sociales tienen que ser sociales; y deben ser relacionales.	
Uno de los modos más prácticos de hacer llegar tu idea es contribuir con pensamientos a tu campo habitualmente.	

Un poco más lejos

- Piensa en tu marca. Ahora encuentra rápidamente de diez a quince adjetivos que la describan. Sé honesto y escribe lo primero que te venga a la cabeza. ¡No lo analices demasiado! Una vez hecho, pídeles a los miembros de tu equipo que hagan también ese ejercicio. Ahora comparte tus ideas con los demás y mira si todos están en la misma onda. Para centrarte más en la marca, revisa las sugerencias de ejercicios del capítulo 37.
- Cuando la gente piensa en ti, ¿en qué atributos crees que piensan? Escribe tus pensamientos y mira si los demás coinciden contigo.
- Escribe tu discurso de exposición. Ahora vuelve y hazlo más simple y corto. Conviértelo en una exposición de ascensor que puedas ofrecer en solo un par de minutos. Hazlo memorable incorporando los cinco sentidos. Ahora ensáyalo con un miembro de la familia o un amigo hasta que puedas expresarlo cómodamente.
- ¿En qué lugar de la red habita tu tribu? ¿Facebook? ¿Twitter? ¿LinkedIn? Si no lo sabes, investiga y pregunta. Debes centrar tu actividad en línea en donde sea que ellos estén.
- ¿Cómo medirás el éxito de tu presencia en Internet? Mira la lista de este capítulo para ver posibles medidas. Escoge una o dos y centra la actividad de tu equipo en conseguir resultados en esa área.
- Piensa en un tema para un blog de cuya lectura se beneficie la gente de tu campo y del que a ti te encante escribir. Empieza ese blog esta semana.

CONCLUSIÓN

¡Lo has conseguido!
(O hiciste trampa y saltaste hasta esta página.)
Espero que este libro te haya ayudado a ejecutar tus ideas (a implementarlas, no asesinarlas... a menos que tus ideas sean malas y necesiten ser enterradas).

Como afirmé al comienzo de este libro, los principios compartidos en *De las ideas a la acción* vienen de las trincheras de la fabricación de ideas y fueron diseñados para ser extremadamente prácticos. Este libro es mi intento de expresar parte de la sabiduría que he cosechado con los años de miles de fabricantes de ideas que sistemáticamente han ejecutado grandes ideas. Espero que a la hora de dar forma a tu proceso de creación de ideas hayas encontrado útiles varios de estos principios puestos en práctica de forma extendida.

Según vayas avanzando con tus ideas, me gustaría que consideraras las dos preguntas fundacionales expuestas a continuación que te proporcionarán una directriz para tu vida como fabricante de ideas.

1. ¿Qué es lo que realmente importa?

Creo que la vida se puede disfrutar con más plenitud cuando buscamos cosas que realmente importen al final del día. No todas las ideas han sido creadas igual. Al fin y al cabo, ¿qué es lo que realmente importará en tu vida? ¿La fama? ¿La fortuna? ¿La familia? ¿La salud? ¿El legado?

En otras palabras, ¿las ideas que estás persiguiendo te están moviendo en dirección a las cosas que realmente te importan? Ten en cuenta que cada idea que se implementa bien tiene un importante coste personal. No existe tal cosa como una idea gratis. ¿Las cosas que estás abandonando valen la ganancia potencial? Si puedes contestar «sí» a esta pregunta, entonces deberías perseguir tu idea con toda seguridad porque es una empresa pro-vechosa.

Por otro lado, si solo estás distraído por una oportunidad con buena pinta, te recomiendo que pares y reflexiones en lo que esperas conseguir a la larga a través de tu nueva idea. Algunas ideas merecerán el sacrificio, aunque otras finalmente tendrán poca o nula justificación más allá de lo superficial.

Persigue las cosas que realmente te importen, porque estas te proporcionarán un profundo sentido de propósito, placer y paz.

2. ¿Qué es suficiente?

Realmente esta es una pregunta difícil de responder. En apa-riencia, puede presentarse como limitadora o restrictiva, espe-cialmente en un mundo que nos empuja a una búsqueda sin descanso de algo más. ¿Por qué molestarse siquiera en parar y determinar cuánto es suficiente, ya se trate de logros personales o ganancias económicas? ¿A quién le importa? ¿Acaso no es nues-tra meta conseguir todo lo que podamos?

¿Lo es?

La razón por la que te pido que consideres esta pregunta es porque sin un buen sentido de aquello que estás esperando con-seguir y ganar, hay muchas probabilidades de que pierdas de vista cuánto esfuerzo debes invertir. He visto a una gran cantidad de personas bien intencionadas renunciar a demasiado por cosas que al final simplemente no merecían la inversión de tiempo y dinero que habían hecho. Y aún más, algunos de esos esfuerzos acarrearon el coste de perder un tiempo insustituible y unas rela-ciones irreparables con familia y amigos. El nivel de compromiso a una idea debería ir en correlación con lo que esperas ganar en tu inversión.

Estas dos preguntas me han ayudado de verdad a determinar qué ideas debía perseguir y cuánto esfuerzo debía dedicarle a mis empresas.

Una nota sobre el fracaso

La mayoría de los fabricantes de ideas que conozco luchan con la no-ción del fracaso. Creo que esto es en parte porque muchos de ellos son grandes triunfadores, y los triunfadores tienden al perfeccionismo y, por consiguiente, odian fallar en cualquier cosa.

El fracaso, en cierto nivel, es inevitable para los fabricantes de ideas. Sin embargo, no soy partidario de la opinión que dice que el fracaso es esencial para el éxito. En otras palabras, no te embarques en un proyecto esperando que el fracaso tenga que formar parte de la experiencia. ¿¡Por qué empezar por ahí!?

No hay duda de que todos fallaremos de vez en cuando, pero eso no tiene nada que ver con aquellos que esperan verlo en cada esquina. Además, el fracaso a menudo es relativo según el contexto. Por ejemplo, fallar en el contexto de la experimentación tiene más que ver con la idea de ensayo y error que con caerse de bruces. Equivocarse de este modo en realidad puede señalarnos de forma más clara el camino a seguir. El fracaso a menudo proporciona una buena dirección hacia el éxito.

Si vivimos con una perspectiva que defienda que todas las ideas son imperfectas y están en desarrollo, eso debería liberarnos de la falsa presión del fracaso. Todas nuestras experiencias, ya sean buenas o malas, pueden ayudar a crear el camino hacia el éxito. Si vas a caer, ¡hazlo hacia delante!

¡Te necesitamos!

Tus ideas importan.

¡Insiste!

No te conformes con ser un amante de ideas que inspiren. Más bien, trabaja duro para implementar tus conceptos. Desarrolla una infraestructura que permita que tu creatividad florezca y colabora estratégicamente con los demás para hacer realidad tu sueño. No es imposible. Se puede hacer. Se debe hacer.

¡Nuestro mundo te necesita y será un lugar mejor cuando tus ideas cobren vida!

RECOMENDACIONES PARA OTRAS LECTURAS

Detonantes de ideas

1. Gladwell, Malcom. *Blink: inteligencia intuitiva* (Madrid: Punto de Lectura, 2009).
2. _____. *Fuera de serie* (Madrid: Punto de Lectura, 2010).
3. Godin, Seth. *¿Eres imprescindible?* (Barcelona: Booket, 2011).
4. _____. *¡Hazlo!* (Barcelona: Ediciones B, 2012).
5. Griffin, W. Glenn. *The Creative Process Illustrated: How Advertising's Big Ideas Are Born* (Cincinnati: HOW Books, 2010).
6. Henry, Todd. *The Accidental Creative: How to Be Brilliant at a Moment's Notice* (Nueva York: Portfolio/Penguin, 2011).
7. Johansson, Frans. *El efecto Medici: percepciones rompedoras en la intersección de ideas, conceptos y culturas* (Barcelona: Deusto Ediciones, 2007).
8. Johnson, Steven. *Las buenas ideas: una historia natural de la innovación* (Madrid: Turner, 2011).
9. MacLeod, Hugh. *Ignora a todos y otros 39 consejos para desarrollar tu potencial creativo* (Barcelona: Empresa Activa, 2009).

Proceso creativo y organización

1. Belsky, Scott. *Making Ideas Happen: Overcoming the Obstacles between Vision and Reality* (Nueva York: Portfolio, 2010).
2. Fried, Jason, y David Heinemeier Hansson. *Reinicia: borra lo aprendido y piensa la empresa de otra forma* (Barcelona: Empresa Activa, 2010).
3. Heath, Chip, y Dan Heath. *Ideas que pegan: por qué algunas ideas sobreviven y otras mueren* (Madrid: LID Editorial, 2011).
4. Pressfield, Steven. *La guerra del arte: rompe las barreras y vence tus batallas creativas internas* (Nueva York: Black Irish Entertainment LLC, 2013).

Infraestructura y estrategia

1. Bossidy, Larry, y Ram Charan. *El arte de la ejecución en los negocios* (Madrid: Punto de Lectura, 2008).
2. Collins, Jim. *Empresas que caen y por qué otras sobreviven* (Barcelona: Deusto Ediciones, 2011).

3. Gladwell, Malcolm. *El punto clave* (Madrid: Punto de Lectura, 2011).
4. Kiechel, Walter. *The Lords of Strategy: The Secret Intellectual History of the New Corporate World* (Boston: Harvard Business Press, 2010).
5. Osterwalder, Alexander, y Yves Pigneur. *Generación de modelos de negocio: un manual para visionarios, revolucionarios y retadores* (Barcelona: Deusto Ediciones, 2011).
6. Pink, Daniel H. *La sorprendente verdad sobre qué nos motiva* (Barcelona: Gestión 2000, 2010).
7. Welch, Jack con Suzy Welch. *Winning [Ganar]* (Barcelona: Ediciones B, 2006).

Colaboración y tribus

1. Botsman, Rachel, and Roo Rogers. *What's Mine Is Yours: The Rise of Collaborative Consumption* (Nueva York: Harper Business Publishers, 2010).
2. Godin, Seth. *Tribus: necesitamos que tú nos lideres* (Barcelona: Gestión 2000, 2009).
3. Hansen, Morten. *Collaboration: How Leaders Avoid the Traps, Create Unity, and Reap Big Results* (Boston: Harvard Business Press, 2009).
4. Logan, Dave. *Tribal Leadership: Leveraging Natural Groups to Build a Thriving Organization* (Nueva York: Collins, 2008).
5. Rosen, Evan. *The Culture of Collaboration* (San Francisco: Red Ape, 2007).

Propósito

1. Hsieh, Tony. *Delivering Happiness. ¿Cómo hacer felices a tus empleados y duplicar tus beneficios?* (Barcelona: Profit, 2013).
2. Mycoskie, Blake. *Start Something That Matters* (Nueva York: Spiegel & Grau, 2011).

Nuevos medios

1. Brogan, Chris, y Julien Smith. *Trust Agents: Using the Web to Build Influence, Improve Reputation, and Earn Trust* (Hoboken, NJ: Wiley, 2010).
2. Evans, Dave. *Social Media Marketing: The Next Generation of Business Engagement* (Indianapolis: Wiley, 2010).
3. Kanter, Beth, y Allison H. Fine. *The Networked Nonprofit: Connecting with Social Media to Drive Change* (San Francisco: Jossey-Bass, 2010).
4. Qualman, Erik. *Socialnomics: How Social Media Transforms the Way We Live and Do Business* (Hoboken: Wiley, 2011).

5. Safko, Lon, y David K. Brake. *The Social Media Bible: Tactics, Tools, and Strategies for Business Success* (Hoboken: Wiley, 2010).
6. Shirky, Clay. *Here Comes Everybody: The Power of Organizing without Organization* (Nueva York: Penguin Press, 2008).
7. Vaynerchuk, Gary. *Crush It! Why NOW is the Time to Cash in on Your Passion* (Nueva York: Harper Studio, 2009).

Marca, marketing y exposición

1. Harrison, Sam. *IdeaSelling: Successfully Pitch Your Creative Ideas to Bosses, Clients, & Other Decision Makers* (Cincinnati: HOW Books, 2010).
2. Kawasaki, Guy. *El arte de cautivar* (Barcelona: Gestión 2000, 2013).
3. _____. *Reality Check: The Irreverent Guide to Outsmarting, Outmanaging, and Outmarketing Your Competition* (Nueva York: Portfolio, 2008).
4. Mainwaring, Simon. *We First: How Brands and Consumers Use Social Media to Build a Better World* (Nueva York: Palgrave MacMillon, 2011).

Esta lista se actualiza y se expande regularmente en www.GoodIdeaBook. com. Por favor, visítanos para ver las últimas incorporaciones.

ACERCA DEL AUTOR

Charles T. Lee es el director ejecutivo de Ideation (www.TheIdeation. com), una agencia de ideas especializada en ayudar a empresas y organizaciones a tomar sus ideas y hacerlas extraordinarias por medio de la estrategia creativa, la marca, el diseño, el *marketing*, la presencia en Internet y en redes sociales y los eventos innovadores.

También es miembro fundador de JustOne (www.Just4One.org), una organización sin ánimo de lucro comprometida a crear «ideas cotidianas para cuidar a las personas». Además, Charles es el creador de movimientos de base que incluyen Idea Camp, Ideation Conference y Freeze Project.

Charles suele hablar de temas como el proceso creativo, la fabricación de ideas, la innovación, la marca, la colaboración, los nuevos medios y la justicia compasiva. Para saber más de la agenda de conferencias de Charles, por favor, visita www.CharlesTLee.com.

ÍNDICE